Couverture inférieure manquante

LE DISCIPLE

DE

PANTAGRUEL

PARIS

Cabinet du Bibliophile

M DCCC LXXV

LE DISCIPLE

DE

PANTAGRUEL

CABINET DU BIBLIOPHILE

N° XVII

TIRAGE.

3oo exemplaires sur papier vergé (nᵒˢ 3ı à 35o).

  15   »   sur papier de Chine (nᵒˢ ı à ı5).

  ı5   »   sur papier Whatman (nᵒˢ ı6 à 3o).

———

33o exemplaires, numérotés.

Nᵒ *786*

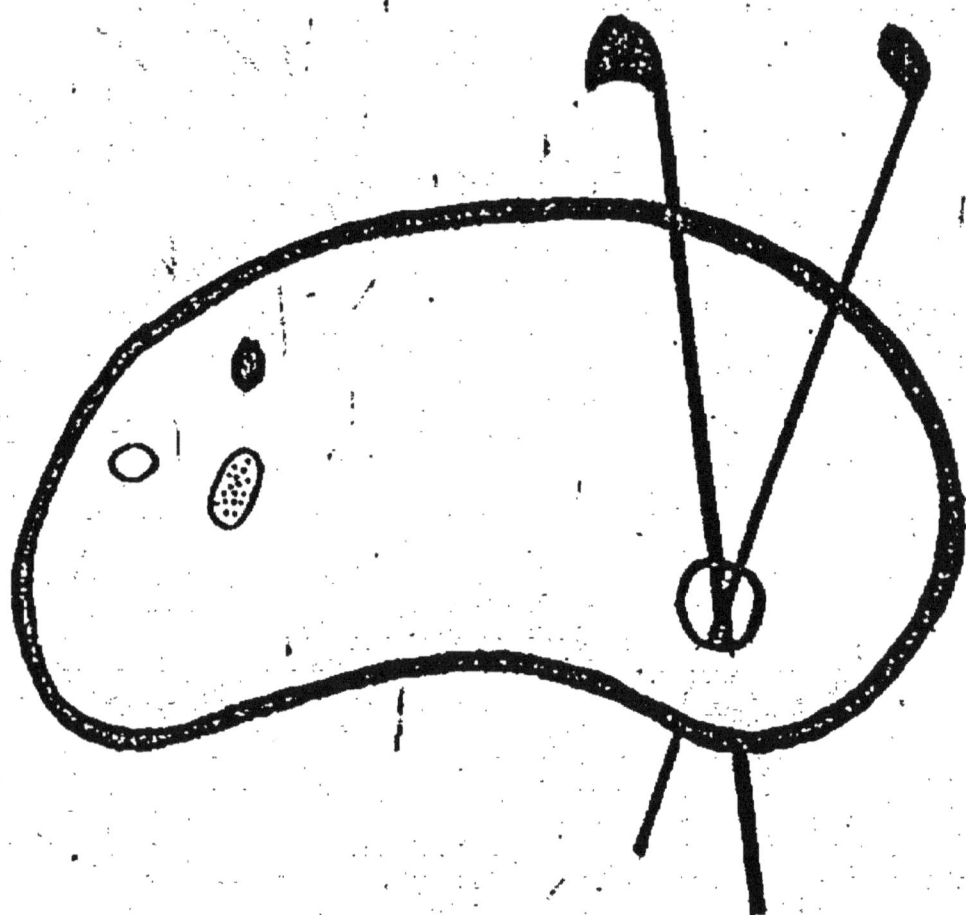

LE DISCIPLE

DE

PANTAGRUEL

Précédé d'une Notice

PAR

M. PAUL LACROIX

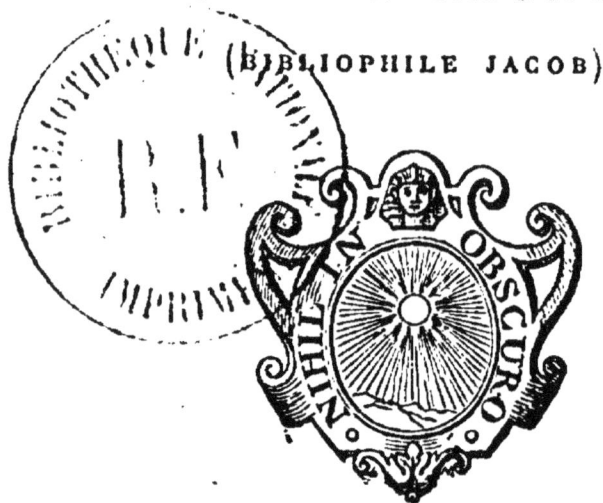

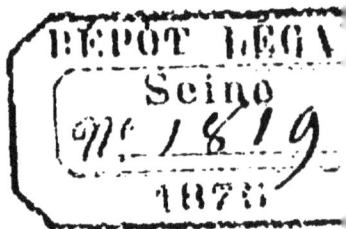

(BIBLIOPHILE JACOB)

PARIS

LIBRAIRIE DES BIBLIOPHILES

RUE SAINT-HONORÉ, 338

—

M DCCC LXXV

NOTICE BIBLIOGRAPHIQUE

SUR LE

DISCIPLE DE PANTAGRUEL

———

IL faut n'avoir jamais étudié Rabelais pour douter un instant qu'il soit l'auteur du *Disciple de Pantagruel ;* et cependant presque tous les critiques presque tous les bibliographes qui ont parlé de ce petit livre populaire, tant de fois-réimprimé sous différents titres au milieu du XVIᵉ siècle, déclarent solennellement que, ledit livret étant indigne de Rabelais, Rabelais n'en est pas, n'en peut pas être l'auteur.

Le savant bibliographe Jacques-Charles Brunet lui-même, qui nous a donné dans le *Manuel du libraire* une excellente notice sur les nombreuses éditions du *Disciple de Pantagruel,* s'est excusé de l'avoir faite, en disant : « Nous ne pouvons nous dispenser de parler ici de cette plate facétie, qui ne

a

saurait être de Rabelais, bien qu'elle ait paru à la suite du *Pantagruel*, éditions de 1537 et 1538, et aussi (sous le titre de *Merveilleuses navigations de Panurge*) dans les éditions du même livre : *Lyon, Dolet*, 1542, et *Valence*, 1547. » Il semble que l'auteur du *Manuel* se soit laissé influencer par le jugement de ses devanciers, et surtout par celui d'un consciencieux et docte pantagruéliste, Stanislas de l'Aulnaye, qui avait dit, dans son édition de Rabelais, en parlant du *Disciple de Pantagruel* : « C'est bien la plus misérable, la plus bête, la plus plate production que puisse enfanter l'esprit humain. »

Après une pareille sentence, on trouvera peut-être qu'il est bien audacieux non pas de vouloir réhabiliter tout à fait le *Disciple de Pantagruel*, mais d'oser soutenir que cette production, qualifiée de *plate*, de *bête*, de *misérable*, est de Rabelais et ne peut être que de lui. Est-il possible, en effet, de supposer que François Juste, libraire et imprimeur de Lyon, l'éditeur ordinaire de Rabelais et sans doute son confident et son ami, ait pu réunir aux deux premiers livres de *Gargantua* et de *Pantagruel* un ouvrage qui ne fût pas de Rabelais et qui était indigne de lui ? J.-Ch. Brunet cite, en effet, une édition de François Juste, datée de 1542, dans laquelle ces deux premiers livres ont été joints aux *Navigations de Panurge*, qui ne sont pas autre chose que le *Disciple de Pantagruel*. Ces mêmes *Navigations* se retrouvent non-seulement dans l'édition lyonnaise de P. de Tours datée de 1543, dans celle de *Valence, Claude de la Ville*, imprimée aussi à Lyon en 1547, mais encore dans celle de *Lyon*, 1542, publiée par Étienne Dolet, qui était depuis longtemps en rapport d'amitié et d'érudition avec Rabelais. On ne saurait admettre que Dolet, qui venait de faire un si grand éloge de Rabelais dans ses *Commentaria linguæ latinæ* (*Lug.*, *apud Gryphium*, 1536-38, 2 vol. in-fol.), et qui lui avait adressé deux ou trois pièces de vers latins en témoignage de respectueuse admiration, eût jamais osé lui attribuer une œuvre dont il n'était pas réellement l'auteur.

Il ne s'agit pourtant pas de rehausser outre mesure la valeur de cette œuvre, qui, de même que *Les grandes et inestimables Chroniques du grant et enorme geant Gargantua* et *Les Chroniques admirables du puissant roy Gargantua et de son fils Pantagruel*, aura été originairement improvisée par Rabelais, pour distraire et amuser les pauvres malades vénériens, qu'il soumettait au traitement des sudorifiques, dans les *limbes* ou étuves de l'hôpital de Lyon. Nous ne répéterons pas, à ce sujet, ce que nous avons dit ailleurs, en commentant ce passage très-significatif du Prologue de l'auteur en tête du second livre de *Pantagruel* : « Que diray-je des povres verollez et goutteux ? O quantes foys nous les avons veus à l'heure qu'ilz estoyent bien oingtz et engressez à poinct, et le visaige leur reluisoit comme la claveure d'ung charnier, et les dents leur tressailloyent comme font les marchettes d'ung clavier d'orgues ou d'espinette quand on joue dessus, et que le gosier leur escumoit comme à ung verrat que les vaultres ont aculé entre les tolles ! Qué faisoyent-ils alors ? Toute leur consolation n'estoit que d'ouyr lire quelque paige dudict livre. Et en avons veu qui se donnoyent à cent pipes de vieulx diables, en cas qu'ilz n'eussent senti allegement manifeste à la

lecture dudict livre, lorsqu'on les tenoit és limbes,
ny plus ny moins que les femmes estant en mal
d'enfant, quand on leur lit la *Vie de Sainte Margue-*
rite. Est-ce rien cela? Trouvez-moy livre, en quelque
langue, en quelque faculté et science que ce soit,
qui ait telles vertus, proprietez et prerogatives, et je
payeray choppine de tripes. » Rabelais faisait donc
lire à ses *pauvres vérolés* les *Chroniques de Gar-*
gantua et *de Pantagruel*, ainsi que le *Disciple de*
Pantagruel ou les *Navigations de Panurge.*

Ces titres-là ne sont pas les seuls que les médecins
ou les libraires avaient donnés à l'ouvrage exhilarant
de Rabelais : on le réimprima douze ou quinze fois
au moins, de 1538 à 1660, en l'intitulant tantôt :
Bringuenarilles cousin germain de Fessepinte; tantôt
et surtout : *La Navigation du Compagnon à la Bou-*
teille; tantôt encore : *Le Voyage et navigation des*
Isles inconnues. Ces éditions, faites à Lyon, à Rouen,
à Paris, à Orléans et à Troyes, ne diffèrent entre
elles que par des variantes de style et par l'addition
ou la suppression de deux ou trois chapitres; le
titre primitif, *Le Disciple de Pantagruel*, est accom-
pagné d'un titre accessoire: *Le Voyage et navigation*
que fist Panurge, Disciple de Pantagruel, aux Isles
incongneues et estranges, second titre, qui caracté-
rise en ces termes l'objet et le caractère de l'ouvrage :
pour exciter les lecteurs et auditeurs à rire. C'est
ainsi que Rabelais avait exposé, dans le dixain *Aux*
lecteurs, le but principal de son *Gargantua* :

> Mieulx est de ris que de larmes escripre,
> Pour ce que rire est le propre de l'homme.

Le *Disciple de Pantagruel* est donc le troisième

des petits livres populaires écrits par Rabelais, ou recueillis par quelqu'un de ses auditeurs, pendant le traitement des *véroles* et des *gouttes*, qu'il dirigeait à Lyon, après en avoir d'abord fait l'essai à Rouen, suivant le témoignage d'un autre opuscule qui ne peut être que de son *invention* : *Le Triumphe de treshaulte et trespuissante dame Verolle, royne du Puy d'amour*, composé par l'Inventeur des menus plaisirs honnestes (1539). Ces *menus plaisirs honnestes* n'étaient-ils pas les joyeux récits que Rabelais *inventait* pour ses malades ? Les critiques, trop sévères et trop difficiles, qui ont jugé le *Disciple de Pantagruel* comme une plate et insipide facétie, ne se souvenaient pas sans doute d'avoir lu, dans les Fables de Fénelon, le *Voyage dans l'île des Plaisirs*, lequel a tant d'analogie avec certains chapitres du *Disciple de Pantagruel* qu'on pourrait bien, sans reproche, comprendre Fénelon lui-même parmi les imitateurs de Rabelais.

Ce n'est pas faire grand tort à Rabelais que de l'accuser d'hérésie ou du moins de tendance vague et capricieuse aux opinions de la réforme évangélique. Ces opinions, qu'on appelait des *nouvelletés*, n'avaient encore, du moins en France, aucun caractère précis et déterminé. A l'époque où le *Disciple de Pantagruel* fut composé et imprimé, Calvin ne s'était pas séparé avec éclat des *libertins*, qui appartenaient, comme Rabelais, Bonaventure Des Periers et Clément Marot, à la doctrine de l'Évangile ou de la *Vérité*, selon l'expression en usage, mais qui n'entendaient point se soumettre, sans examen, à de nouveaux dogmes religieux. On peut voir une allusion marquée à cet état timide et indécis de la liberté de penser, dans le Prologue de l'Auteur, qui semble déclarer, sous une forme voilée et obscure, qu'il est résolu à marcher dans la voie de la Vérité, mais qu'il ne veut pas pourtant s'y engager en aveugle, avec l'obéissance passive d'un esclave crédule et imbécile. Voilà le sens que nous paraît présenter ce passage du Prologue : « Je me suis déliberé, dit-il, de composer ung petit traicté... contenant aucune VERITÉ, laquelle je suis deliberé d'ensuyvir, mais non pas de si prés que je luy marche sur les talons, de sorte que je luy fasse rompre les courroyes et les brides de ses pantoufles, au moyen de quoy je soye contrainct de les luy refaire avec mes aguillettes, car je n'en ay pas trop. Toutésfoys, mon intention est de la suyvre ung petit à gauche, sans la perdre de veue, si d'adventure je ne tomboye en ung fossé en la suyvant et que je me rompisse une jambe... Mon intention est de ne point eslongner d'elle, pour chose que j'escripve, comme chacun pourra veoir à l'œil s'il n'est aveugle, pour ce que je suis et veulx estre son principal thresorier et la servir loyaulment, comme il appartient à ung bon loyal serviteur, sans rien prendre ny desrober du sien furtivement ny malicieusement : au moyen de quoy elle n'aura cause de se plaindre de moy, ny de moy faire constituer prisonnier. »

Ceci est une véritable profession de foi, déguisée il est vrai, mais très-facile à comprendre, si l'on se rappelle que les premiers écrits des Réformés en France étaient toujours allégoriques et enveloppés d'une prudente réserve. Par exemple, un de ces écrits, auquel Rabelais n'était peut-être pas étranger, avait eu certaine affinité avec les livres de *Gargantua* et de *Pantagruel*. L'auteur du *Manuel* a cité d'après une communication de M. Émile Weller, bibliographe distingué, l'édition originale du fameux *Livre des marchands*, édition dont la Bibliothèque de Zurich possède un exemplaire, resté inconnu jusqu'alors. En voici le titre singulier : *Le Livre des marchands, fort utile et à toutes gens*, nouvellement composé par le sire Pantapole, bien expert en tel affaire, prochain voisin du seigneur de Pantagruel. — A la fin : *Imprimé à Corinthe le* xxii *daoust lan mil cinq cens* xxxiii, avec cette devise : *Non omnibus datum est adire Corinthum*. Pet. in-8 de 24 ff. Rien ne prouve que cette satire anticatholique ait été imprimée à Neufchâtel, comme le suppose M. Émile Weller, et nous l'attribuerions plutôt à des presses clandestines de France, où se fabriquaient quantité de livrets *évangéliques*, *luthéristes*, *calviniques*, que les *bisouards* et merciers ambulants se chargeaient de répandre dans les villages, en vendant du fil, des aiguilles et des almanachs.

Le *Livre des marchands*, daté de 1533, fait déjà mention de *Pantagruel*, qui avait figuré pour la première fois dans les *Chroniques admirables du puissant roy Gargantua*, publiées sans date, la même année ou l'année précédente. Le *Disciple de Pantagruel* était certainement du même temps et visait au même but que le *Livre des marchands*, « fort utile à toutes gens, pour congnoistre de quelles marchandises on se doit garder d'estre trompé. » Il faudrait donc choisir, à ce nouveau point de vue, les *petits livres* de Rabelais et de ses imita-

teurs, car ces *petits livres* de propagande réformiste
échappaient, par leur nature même, aux enquêtes de
la Censure qui était toujours en éveil pour éplu-
cher les publications nouvelles de la librairie. Cette
Censure, si inquiète et si jalouse, ne daignait pas
s'occuper de ces facéties populaires, qui semblaient,
à première vue, n'avoir pas d'autre objet que de
donner à rire aux lecteurs des classes illettrées. On
devra donc rechercher plus tard, dans les Chroniques
Gargantuines et *Pantagruelines*, quelles sont les
hardiesses plus ou moins couvertes de l'auteur, qui
ne se faisait pas faute d'attaquer, sous le masque,
les choses les plus saintes et les plus respectées. On
arrivera peut-être ainsi à découvrir une interprétation
imprévue des deux premiers livres du *Satyricon* de
Rabelais, en essayant de constater les analogies
frappantes qui existent entre les faits principaux, mis
en scène dans ces deux livres, et les événements his-
toriques qui ont suivi l'origine et les progrès de la
Réformation en France jusqu'en 1532. Dans cette
nouvelle étude du *Gargantua* et du *Pantagruel*, il
serait facile d'établir, avant tout, que c'est François Ier
que Rabelais a voulu peindre sous les traits du
géant Gargantua, et que son fils Pantagruel serait
ainsi non pas Henri II, comme on l'a supposé sans
se préoccuper de la raison inflexible des dates, mais
le dauphin François, qui mourut d'une pleurésie
à Lyon en 1536, et qui passait pour le protecteur-
né des idées nouvelles en matière de religion, de
morale et de gouvernement. Au reste, on a déjà re-
connu, depuis longtemps, que Panurge, qui pourrait
bien être le prototype de Rabelais lui-même ou du
protestant libertin, fait allusion aux procès et aux

supplices pour crimes d'hérésie, lorsqu'il raconte
« la manière comment il eschappa de l main dès
Turcs ».

A ne parler aujourd'hui que du *Disciple de Pantagruel*, nous remarquerons seulement deux ou
trois endroits, où l'auteur se pose ouvertement en
confesseur de la vérité (et il sous-entend *évangélique*) et en adversaire de certaines pratiques de la
religion romaine, comme un *libertin* qui s'en allait
aux Iles inconnues pour y chercher du nouveau,
c'est-à-dire la réforme du vieux monde. Dans
l'*Epistre au lecteur*, après avoir cité Pline, Solin,
Strabon, Lucien et Jean de Mandeville, comme de
grands menteurs, il s'excuse de n'en pas nommer
d'autres, « de peur, dit-il, qu'ilz ne me taxent de
pareil crime, si j'escriptz chose qui ne leur semble
pas estre vray. Toutesfoys, à juger mes escritz sans
haine et sans faveur, on cognoistra evidemment que
je suis le vray incitateur de verité. » C'était se déclarer protestant, à mots couverts. Ensuite, Panurge
n'admet, sur son navire, que des gens essorillés et
camus, c'est-à-dire qui avaient souffert pour la Vérité
ou pour la Religion nouvelle. Lui-même avait perdu
aussi, à ce dangereux métier, une bonne partie
de ses oreilles. « Quand je perdy la moytié de la
gauche, dit-il, ce fut parce que j'estoys trop songneux
de me lever au matin pour aller ouyr les matines
et la premiere messe qui se chantoyent en l'eglise. »
Ces matines et cette messe doivent être mises au
compte du culte réformé. « La seconde foys que je
feus reprins, ajoute-t-il, et que je perdy l'autre
moytié, fut à cause que j'estoye trop friant de
sermons et que j'estoye toujours devant la chaire

du predicateür. » C'est bien là le prêche qui avait lieu à huis clos dans les assemblées des novateurs.

Panurge perdit la plus grande partie de sa seconde oreille dans deux autres circonstances, où l'on reconnaît encore une allusion détournée aux pratiques religieuses de la Foi nouvelle : « Je crois bien que si j'eusse esté prebstre, dit Panurge, et que j'eusse confessé verité (c'est-à-dire la religion de l'Évangile), qu'il ne m'en fust demouré (d'oreilles) plus qu'à mes compagnons. » Il invite donc ses lecteurs « à se donner garde de tomber en telz inconveniens », et surtout « de rien debagouler (parler à l'étourdie, imprudemment), pour les dangers qui en peuvent advenir ».

Nous allons toucher rapidement différents points qui, dans le *Disciple de Pantagruel*, paraissent se rapporter à l'histoire du protestantisme, ou du moins à la guerre sourde des novateurs contre l'Église romaine. Dans son Prologue, l'auteur, en se proposant d'être le *premier thresaurier* de la Vérité, mentionne le *vray prophète Ragot*, dans lequel il faut reconnaître un des premiers apôtres de la Réforme française, ou Farel, ou Calvin, qui avaient été l'un et l'autre obligés de fuir et de se cacher pour se soustraire aux poursuites de la justice. Dans le chapitre III, Panurge, voulant avoir un bon truchement qui sût parler toutes les langues, l'envoie chercher en basse Bretagne et en fait venir un qui « parloit septante et deux langues ». Ce truchement pourrait bien être un des traducteurs de la Bible des Septante en français, soit Olivetan, soit Lefèvre d'Estaples, soit Calvin lui-même, soit le savant helléniste Vatable. Aux chapitres x et xi, les Farouches, « qui sont gens veluz comme rats et de telle couleur, qui habitent en cavernes au fons de la mer, qui ont grans dents et longs comme alesnes pour prendre les poissons en la mer, desquels ils vivent et mangent à la moustarde », représentent les moines en général, et principalement les Ordres mendiants. Au chapitre xxi, l'île des Papillons est incontestablement une terre domaniale de la Papauté : « Les courges ou cucurbites (citrouilles et potirons) y croissent si grandes et si grosses qu'ilz (les Papillons) en font les maisons et les eglises, aprés qu'ilz en ont osté tout ce qui est dedans. » Cette île des Papillons est aussi le pays des grues, qu'on y voit voler « par grandes bandes, toutes rosties et toutes lardées ».

Le chapitre xxx, qui est composé de quatrains et de huitains, énumère les pluies, si diverses et si singulières, qui se succédaient sans cesse dans une île, dont « les passaiges estoient tant pleins de mesnage et aultres choses » qu'on n'y pouvait passer.

> Le unziesme jour furent adventures :
> Il pleut abayes et masures,
> Moynes noirs, nonnains, celestins,
> Chartreux, cordeliers, augustins,
> Gens aspres assez, je vous asseure :
> C'est une bonne nourriture,
> Et puis aprés il gresilla
> En latin, *Ego flagella.*

On ne peut pas douter que ce petit livre rabelaisien, *plein de pantagruélisme,* comme le *Gargantua* de la première édition (1535), ne fût, dans la pensée de l'auteur, une satire bouffonne de la société, que le protestantisme, inauguré par Luther, avait la prétention de transformer sous les auspices des nouvelles doctrines. *Pantagruélisme* était donc synonyme de *philosophie générale.*

Nous n'avons pas sans doute tous les petits livres du même genre que Rabelais avait composés pour la récréation de ses malades et pour la vulgarisation de ses idées de réforme. Le chapitre xxxiv du IIe livre de *Pantagruel* nous annonce ainsi plusieurs de ces traités pantagruéliques, qui n'ont jamais été imprimés ou qui se sont perdus : « Vous aurez le reste de l'histoire à ces foires de Francfort prochainement venantz, disait Rabelais en 1532, et là vous voyrez comment Panurge feut marié et cocqu le premier moys de ses nopces, et comment Pantagruel trouva la pierre philosophale et la manierc de la trouver et d'en user; et comment il passa les monts Caspies ; comment il navigua par la mer Atlantique et deffit les Cannibales et conquesta les isles de Perlas; comment il espousa la fille du roy d'Inde nommé Presthan ; comment il combattit contre les diables, et feit brusler cinq chambres d'enfer, et mit à sac la grande chambre noire, et jecta Proserpine au feu, et rompit quatre dentz à Lucifer et une corne au cul, et comment il visita les regions de la Lune. » C'eût été la suite des aventures de Panurge et de ses Navigations, si Rabelais avait tenu ses promesses.

Mais il n'avait plus songé à continuer la publication de ses premières ébauches pantagruéliques, dès qu'il eut commencé à les transfigurer dans un ouvrage définitif, qui ne s'adressait plus aux malades, aux pauvres goutteux et vérolés, quoiqu'il leur

conservât en apparence cette prétendue destination,
mais bien aux lettrés et aux doctes, aux philosophes
et aux esprits les plus audacieux et les plus éclairés.
Il se souvint toutefois de son *Disciple de Pantagruel*
quand il composa son IVe livre et qu'il esquissa le
V^e, laissé inachevé dans ses papiers. On retrouve,
en effet, dans le livre IV, l'île des Papillons sous le
nom de l'île des Papimanes (chap. XLVIII), et les
Farouches ainsi que les Andouilles, qui sont devenus
les Andouilles farouches (chap. XXXV à XLII), en pre-
nant des proportions homériques. Rabelais avait
repris son bien, en puisant à pleines mains dans son
Disciple de Pantagruel.

Il ne se fit pas faute de transporter des chapitres
entiers de ce petit ouvrage dans le Ve livre, qui ne
vit le jour qu'après sa mort : il y avait fait entrer
l'île des Ferrements (chap. IX) et l'île des Lanternes
(chap. XXXIII) ; mais, si ce chapitre n'est qu'un abrégé
des trois chapitres consacrés à la réception de
Panurge chez la reine des Lanternes, ceux-ci ont
été jugés dignes de figurer en grande partie dans
le manuscrit du Ve livre, qui nous a donné un
texte beaucoup plus complet et plus correct que
celui des anciens imprimés. C'est dans ces chapitres que Rabelais nous a conservé une précieuse
nomenclature des danses, laquelle mérite d'être
placée auprès de la longue litanie des noms de jeux,
qui remplit un des chapitres du second livre de
Pantagruel.

Ce fait seul suffit pour prouver que Rabelais est
bien l'auteur du Ve livre, qu'on a eu l'idée malheu-
reuse de lui disputer avec une sorte d'obstination.
Quel autre que Rabelais serait allé chercher les

matériaux de ce livre dans le *Disciple de Pantagruel*, sans être taxé de plagiat effronté? Or, personne n'a crié au plagiaire. En outre, Rabelais n'a fait que répéter, dans ce V⁰ livre, le procédé d'emprunt auquel il avait eu recours dans le livre IV, en y intercalant l'île des Ferrements et l'île des Andouilles farouches, que le *Disciple de Pantagruel* avait déjà visitées dans son voyage aux Iles inconnues. Enfin, l'Oracle de la dive Bouteille, qui fait le dénoûment du roman pantagruélique, avait été inspiré, sinon fourni, par le *Disciple de Pantagruel*, puisque cet opuscule portait déjà le titre de *Navigation du Compagnon à la Bouteille* dans l'édition *de Rouen, R. et J. Dugort*, 1545, et que, dans une des premières éditions de l'ouvrage, la gravure sur bois du titre représentait Panurge tenant une bouteille où un flacon tout à fait semblable à celui qui fut gravé sur bois dans les premières éditions du V⁰ livre, quoique la Bouteille et son Oracle ne soient pas indiqués dans le *Disciple de Pantagruel*, qui se termine néanmoins par ce vers bachique :

Et au dimanche boirons tous ensemble.

Rabelais avait mis, en quelque sorte, son cachet de fabrique sur la Bouteille du *Disciple de Pantagruel*, en y inscrivant comme règle de conduite cette sage et prudente maxime : « Vous sçavez qu'il y a au monde d'aussy grandz menteurs qu'en lieu où vous sçauriez aller, qui dient des choses qui ne sont pas vraysemblables ny conformes à raison; pour laquelle chose eviter, et de paour d'encourir l'indignation et la haine des gens de bien, je me suis gardé de dire la verité de plusieurs choses : *quia veritas odium parit* : pour ce, disent les clercs, que verité engendre haine, et aussy que, pour dire verité, on est aulcunesfois pendu. »

P. L. JACOB, *Bibliophile.*

Le disciple de

PANTAGRVEL

Le voyage &

NAVIGATION QVE FIST

PANVRGE DISCIPLE DE PANTA-
gruel, aux isles incongnues et estranges
de plusieurs choses merueillleuses et difficiles a croire, qu'il dict auoir veues, dont
il faict narration en ce present volume,
et plusieurs aultres ioyeusetez, pour in-
citer les lecteurs et auditeurs a rire.

LE PROLOGUE DE L'AUCTEUR

Aprés que j'ay long temps differé d'escripre les grandes et admirables merveilles que j'ay veues et congneues en plusieurs et diverses contrées et regions, tant par mer que par terre, je me suis deliberé de composer ung petit traicté, faisant mention d'icelles, contenant aulcune verité, laquelle je suis deliberé d'ensuyvir, mais non pas de si prés que je luy marche sur les talons, de sorte que luy fisse rompre les courroyes et les brides de ses pantouffles, au moyen dequoy je soye contrainct de les luy reffaire avec mes aguillettes, car je n'en ay pas trop. Toutesfoys mon intention est de la suyvre ung petit à gauche, sans la perdre de veue, si d'advanture je ne tumboye en ung fossé en la suyvant, et que je me rompisse une jambe, au moyen dequoy je fusse contrainct de la suyvre à quatre pattes, ou avecq des potences ou guynettes, comme ce vray prophete Ragot : car mon intention est de ne point eslongner d'elle, pour chose que j'escripve, comme chascun pourra veoir à l'œil, s'il n'est aveugle, pour ce que je suis et veulx estre son principal thresorier et la servir loyaulment, comme il appartient à ung bon loyal serviteur, sans rien prendre ny desrober du sien furtivement ny malicieusement, au moyen dequoy elle n'aura cause de se plaindre de moy, ny de moy faire constituer prisonnier. D'avantaige, je ne suis pas deliberé d'approcher si prés d'elle que j'accroche ma robbe à la sienne, comme font les moutons aux ronces, aux espines et aux groseliers, quand ilz s'approchent trop prés des hayes, et de peur aussi que je ne luy enfarine sa robe, comme font les meusniers celles des dames de Paris, quand ilz passent au prés d'elles.

EPISTRE AU LECTEUR

Faisant mention des hystoriographes qui ont escript des merveilles du monde.

CHAPITRE PREMIER.

OURCE que plusieurs hystoiriens et cosmographes on descript en plusieurs livres les grandes et admirables merveilles du monde, non pas sans mensonges, comme il est advis à plusieurs, comme a faict

Pline en son libvre de la Naturelle Hystoire,
Solin en son libvre des Choses memorables,
Strabo en son libvre de la Situation du monde,
Lucian en son libvre des Vrayes Narrations,
Jehan de Mandeville en son libvre des Voyages,

Et plusieurs aultres assez grands menteurs, lesquels je ne veulx pas nommer pour le present, de peur qu'ilz ne me taxent de pareil crime si j'escriptz chose qui ne leur semble pas estre vray. Toutesfoys, à juger de mes escriptz sans

haine et sans faveur, on cognoistra evidemment
que je suys le vray imitateur de verité, et qu'en
mes dictz y a si grosse apparence qu'il n'y aura
nul qui les doibve ny ause impugner sans repre-
hension manifeste et sans en estre vituperé de
tous vrays hystoriographes, auxquelz je com-
mettz le jugement de ce present livre, lequel
j'ay compilé à grosse peine et labeur, de peur de
cheoir en aulcune erreur, car il n'y a gueres
affaire à mentir qui ne s'en donne bien de garde
pour le jourdhuy.

Or, pour venir à la matiere dont il est question,
il est vray que je me deliberay ung jour de voya-
ger par la mer, pour veoir, enquerir et per-
scruter les grandes merveilles qui y sont, et la
grande diversité des ysles, des monstres et des
bestes saulvaiges et marins que l'on voit en plusieurs pays et regions estranges, et pour ce faire
j'ay faict esquiparer une navire tout propre, de
sorte qu'il n'y failloit riens. Car premierement
je l'ay faict garnir de bonne et grosse artillerie
pour assaillir et pour defendre si besoing estoit.
Et aprés je la fis munir de biscuit, de vins, de
lardz, de beuf salé et bresil, et de toutes choses
requises en tel cas et affaire.

Comment Panurge feist crier à son de trompe, ainsi d'amasser gens pour venir à son service.

CHAPITRE II.

QUAND je vy que ma navire fut toute preste et toute faicte, laquelle estoit grande à merveilles, et non pas si grande du tout que celle que le Roy faict faire au Havre-de-Grace, je feis publier à son de trompe que, s'il y avoit aucuns gentilzcompaignons, gens de faict, qui me voullussent venir servir, que je leur donneroye si bons gaiges qu'ilz se tiendroient pour contens. Incontinent le cry et la publication ouye, se retirerent par devers moy, en mon navire, cinq cens hommes de tous sorte, essorillez, gens de bien, et banniz.

Et croyez qu'en tous les cinq cens il n'y avoit homme qui eûst aureille en teste non plus qu'au fons de la main, non pas, comme ilz disoient, qu'ilz les eussent perdues pour vertu qui fust en eulx, mais à cause qu'ilz s'estoient trouvez, comme ilz maintenoient, ung jour qui passa par la mer, en l'isle de Brigalaure, là où les charcuytiers et patissiers font des saulcisses d'oreilles, lesquelles sont fort bonnes et friandes, à cause qu'elles sont demy de chair et demy de cartilaige, qui est une viande fort exquise : par ce moyen avoient ilz perdu les ances, et estoient tous demourez monnins et sans aureilles comme les cinges.

Au regard de moy, grace à Dieu, j'en ay encor prés de la moytié d'une, qui m'est un gros et merveilleux honneur, car il appert par là que j'en ay eu aultresfoys, et que Dieu m'a faict et formé homme parfaict comme les aultres, et non pas sans aureilles ; il est bien vray que ce que j'en ay perdu, je l'ay perdu à quatre diverses foys. Car, quand je perdy la moytié de la gauche, ce fut pource que j'estoys trop songneux de me lever au matin pour aller ouyr les matines et la premiere messe qui se chantoient en l'eglise.

La seconde foys que je feuz reprins, et que je perdy l'aultre moytié, fut à cause que j'estoye trop friant de sermons, et que j'estoye tousjours devant la chaire du predicateur, de quoy chascun me blasmoit fort.

La tierce foys, que perdy la moytié de l'aureille dextre fut pource que j'alloye trop souvent à confesse, et que j'y estoye trop embatant, dont je fus lourdement reprins et redargué par messieurs noz maistres, comme ilz ont accoustumé de faire en telz cas.

La quatriesme foys, que je perdy le bout de la demi-aureille dextre, fut à cause que le jour du vendredy de la saincte sepmaine, en allant addorer la vraye croys en la sainte chapelle à Paris, je mis en la bourçe d'un marchand qui ne me

debvoit rien dix escuz d'or, lesquelz je ne vou-
luz pas reprendre quand il les me voulut rebail-
ler; dequoy les gens s'apperceurent, dont je fuz
fort blasmé.

Je croys bien que, si j'eusse esté prebstre, et
que j'eusse confessé verité, qu'il ne m'en fust
demouré non plus qu'à mes compaignons; mais,
graces à Dieu, je rechappay, et fuz quitté pour le
bout que j'ay encor, comme il appert. Vela les
causes et raisons pour lesquelles j'ay esté ainsi
accoustré; je le vous dis, affin que vous vous
donnez garde de tumber en telz inconveniens,
et que vous ne faciez pas comme moy, mais que
vous vous gardez tousjours le mieulx que vous
pourrez de bien faire comme j'ay faict, et de rien
debagouler, pour les dangiers qui en peuvent
advenir.

*Comment Panurge envoya en la Basse
Bretaigne pour avoir ung truchement qui
sceust parler tous langaiges.*

CHAPITRE III.

QUAND je vy ma navire toute equipée,
munye, avitaillée de toutes choses,
et que j'avoye gens de bien et de
deffence, et qu'il ne restoit plus
qu'avoir ung bon truchement qui
sceust parler toutes langues, j'en envoyay querir

ung cinquante lieues de là, en la Basse Bretaigne (car c'est de là que viennent les bonnes langues et disertes), lequel parloit septante et deux langues, auquel je donnay si bons gaiges qu'il se tint pour content. Luy venu, je feis lever les voilles et appareil de ma naif, pour transfreter et naviger à toute diligence. Si eusmes le vent à gré, lequel vint incontinent donner à la pouppe de nostre naif, de sorte qu'en moins de troys heures nous feismes plus de trente lieues en content tout, et vinsmes aborder en une isle d'environ cinquante lieues de long et trente de large, en laquelle avoit une moult belle forest, pleine de plus beaulx chesnes que l'on eust peu veoir, les plus chargez de glandz que je veisse jamais; au moyen dequoy nous pensions bien que ce fust terre ferme, et pource que les aultres forestz du pays d'environ avoient esté toutes gelées et peries.

Les habitans d'environ icelle mer avoyent esté advertiz de la fertilité et abundance du gland qui estoit en la dicte forest; parquoy ilz avoient faict mener et passer tous leurs porcz pour engresser, non advertiz ny expers de la perte et dommage qui leur advint par inadvertence: car icelle forest n'estoit aultre chose qu'une baleine grande et merveilleuse, sur le dos de laquelle avoit creu la dicte forest; parquoy une grande veille truye et un grand verrard, ayant les gueulles eschauffées à cause du gland, se mirent à fouyr et à foiller aux racines des feuscheres si avant en terre qu'ilz parvindrent jusques au dos de la dicte baleine, et la mordirent, par dessus l'eschine, si fort que, de la douleur qu'elle sentit, elle donna, de sa queue et de son baillay, si grand et si merveilleux coup contre l'eau qu'elle la fist sortir et saulter en l'ær plus d'une lieue hault, en sorte que nous, qui estions en ladicte forest, pour enquerir de ce quy y estoit, cuydasmes estres tous noyez.

Et pareillement tous ceulx que nous avions laissez en nostre nef pour la garder, de laquelle nous avions mis et attaché l'ancre à la dicte isle, en laquelle estoit la dicte forest, que nous pensions bien terre ferme et solide, laquelle ysle fut si fort esmeue et esbranslée du coup qu'en moins de vingt et quatre heures nous fusmes portez plus de cent mille lieues, à cause que ledict verrard et ladicte truye ne cessoyent point de mordre ladicte baleine.

Au moyen dequoy nous fusmes transportez és aultres pays d'Inde la majeur, et pareillement nostre nef et ceulx qui estoient dedans, lesquelz pensoient estre tous periz, et nous aussi, pource qu'elle alloit de telle impetuosité que, si elle eust rencontré en sa voye une demy-douzaine de petis enfans, elle les eust tous jectez sur le cul, et croy que, si vous y eussiez esté, que vous n'eussiez pas eu moindre peur que nous eusmes.

Je prie à Dieu qu'il vous veuille preserver d'ung tel peril. Je vous advertiz que les bonnes gens à qui estoient les porcz les perdirent tous; parquoy ilz furent contrainctz de manger leurs rostz sans larder, et leurs pois sans lard, qui leur fut bien dur et bien estrange, et aussi à d'aulcuns frians comme moy. Toutesfoys, graces à Dieu, finablement elle s'arresta par laps de temps.

Au moyen dequoy nous levasmes notre ancre et rentrasmes tous en nostre nef, si fort affamez que nous n'en povyons plus. Et après que nous eusmes reprins nostre rapas, nous regardasmes en quelle mer nous estions par nostre directoire et specule, et par nostre sonde : si congneut nostre patron et nostre gouverneur là ou nous estions; parquoy nous prismes si grand couraige, esperans encores retourner à port de salut, et que de tout ne pouvoit que mal advenir.

Comment Panurge, estant sur la mer, apperceut ung navire aussi grand ou plus que la ville de Paris.

CHAPITRE IIII.

R, pource que souvent, quand on est sorty d'ung peril, on chet en ung plus grand et plus dangereux que le precedent, comme nous pensions bien estre quittes et asseurez de toutes fortunes et adversitez, et nous retirer sans peril au lieu dont nous estions partiz, il advint, comme nous eussions faict voile et levé noz appareilz, lesquelz avoient esté abatuz pour eviter le danger auquel nous avions esté au paravant,

En retournant, nous veismes devant nous en la mer une nef si grande et merveilleuse que nous pensions que ce fust une bonne ville aussi grande ou plus que Paris, dedans laquelle estoit ung geant si grand et si horrible qu'il donnoit peur et crainte merveilleuse à tous ceulx qui le véoient, lequel se nommoit Bringuenarilles, duquel plusieurs gens ont aultresfoys ouy parler.

Il estoit de si grande et si admirable haulteur, grosseur et largeur, qu'il avoit plus en une jambe que les lacquetz de Gargantua et Pentagruel, desquelz vous avez veu les hystoires, n'avoient en tout le corps.

Il avoit les ortailz des piedz plus gros sans comparason que n'est la grosse tour du boys de Vincene, et le residu de tout le corps proportionné à l'equipolent.

La navire auquel il estoit estoit l'arche du deluge, que Noé Janus feist faire pour soy saulver le temps passé, luy et ses enfans, lequel il avoit faict radouber et calfeutrer tout de neuf, comme il apparoissoit encore.

Il mangeoit à chascun repas plus que cinq cens milles hommes; il s'escheut une fois qu'il rencontra une nef, dedans laquelle il y avoit plus de cinq cens tonneaux de hareno de marque; mais il la degloutit, devora et cassa avecq les dens, et l'avalla tout nect sans mascher, avecq les mariniers qui estoient dedans, sans que aulcun se peust jamais saulver.

Mais, aprés cela, il eut si grand soif, qu'il rencontra ung navire chargé de douze cens tonneaux de vin bastarb et de vin d'Andelousie et de Malvoisie, lesquelz, pour la grand soif qu'il avoit à cause desdictz harencz, qu'il avalla le navire et vin, sans qu'il en demourast aulcune chose. Toutesfoys il s'en trouva aulcunement desgousté à cause des ancres qui ne pouvoient passer par dedans ses boyaulx, pour la tortuosité et revolution d'iceulx.

Il avoit pour medecin, quand il estoit mal disposé, ung ramonneur de cheminées, auquel il fist prendre une longue eschelle, et le fist monter et entrer en son ventre par le trou de son cul, avecq sa ratisoire, de laquelle il luy ratissa les boyaulx et le ventre, et en descrocha les ancres, les hunes et les mastz qui estoient accrochez en divers lieux de son ventre et de ses boyaulx; de sorte qu'il monta par dedans son corps et luy sortit par la bouche, aprés qu'il en eut bien tout descroché, nettoyé et ratissé; et, pour maladie qu'il eust, il n'avoit jamais d'aultre medecine, ny avoit aultre medecin.

Icelluy Bringuenarilles n'avoit en sadicte navire aulcuns voyles ni aulcuns appareilz pour conduyre sadicte navire par la mer, fors seulement qu'il prenoit les deux páns de sa robe, qu'il

estendoit au vent, et s'accotoit d'ung pied contre
la proue et le bout de devant de son navire, et
lors le vent qui luy souffloit au cul par derriere
le menoit là ou il vouloit aller. Avecq ce, il
avoit les aureilles larges de plus d'ung arpent,
dedans lesquelles le vent donnoit et souffloit, de
sorte qu'il n'y avoit navire en toute la mer, combien qu'il eust des voilles, qui allast plus viste
que le sien, tant fust bien equippé. Et quand le
vent luy failloit et que la mer estoit calme et paisi-
ble, et que sa nef ne povoit aller avant par faulte
de vent, il descendoit à pied dedans la mer et
poussoit sa navire par derriere, et la menoit et
conduysoit là où il vouloit, et cheminoit à pied
sur la mer, combien qu'il fust gros et pesant,
comme il eust faict sur terre ferme, à cause que
les semelles de ses souilliers estoient de liege, lesquelles estoient larges chascune de plus d'ung
arpent, au moyen dequoy il ne povoit enfon-
cer en la mer; et par ce moyen il exploitoit
tousjours pays, et faisoit plus de chemin en ung
jour que les aultres en cent, à cause qu'il avoit
les jambes fort longues et qu'il marchoit en pas
de grue, en sorte qu'il faisoit à chascun pas bien
trente lieues du moins. Il n'y avoit navire en
toute la mer, tant feust bien muny ny equippé,
qui eust sceu ny osé approcher de luy: car, quand
il veoit aulcunes fustes ou galeres, ou aultres
navires, venir vers luy, il avalloit ses chausses et
rebrassoit son cul, qu'il tournoit vers ses enne-
mys, puis souffloit et petoit du derriere, de

sorte qu'il jectoit lesdictes nefz et galeres à plus
de cent lieues de là, et les brisoit et rompoit
contre les roches de la mer; parquoy il n'y
avoit homme, tant fust hardy, qui l'osast assaillir par mer ny par terre, ne qui sceust approcher de luy s'il n'eust voulu, à cause du vent
qui luy sortoit du trou du cul, soubz le nez de
vous, tant souffloit fort. Je vey une fois qu'il fist
une roste, mais il en jecta par terre plus de
huyt mille maisons d'une bonne ville qui estoit
bien à trente lieues de là. Je luy ay aultresfois
veu rompre ung mast de navire d'ung morveau
quand il se mouchoit, et le vent de ses narines
jectoit par terre une tour aussi grosse que l'une
des tours Nostre Dame de Paris, qui est une
chose difficile à croire qui ne l'auroit veu
comme moy, et maistre Thiburce Diariferos, qui
escripvoit soubz moy ses merveilles. Quand il
vouloit affamer ung pays, il ne faisoit que souffler au derriere contre les moulins à vent, parquoy il les jectoit tous par terre et les rompoit
et brefilloit tous par pieces, musnier et tout. Au
regard des moulins à eaux, il les noyoit et faisoit
aller aval l'eau quand il pissoit au dessus. Il
monta quelque foys amont ung fleuve environ
dix lieues jusques à l'endroict d'ung lieu où l'on
passoit au basteau, et s'endormit sur le bord
dudict fleuve; et lors le membre luy dressa, en
sorte qu'il s'estendit jusques à l'aultre rive au
travers l'eau, et demoura ainsi toute la nuict.
Lors ung chartier venant bien tard du boys

avecq son chariot à quatre roues et à quatre
chevaulx, tout chargé de fagotz, entra dedans
son membre si avant que le cheval de devant
vint jusques aux genitoires, qui ne povoit passer; parquoy il fut contrainct de demourer toute
la nuict à cheval atout son fouet au poing jusques au lendemain, que Bringuenarilles fust
esveillé, lequel pensoit avoir la gravelle; parquoy il se mit à pisser, et lors pissa le chariot à
reculons tout le premier, et puis les chevaulx et
le chartier tenant encor son fouet au poing; lequel fut presque noyé à cause de la grande abondance d'eau qui luy sortoit du corps et de la
vessie, et, sans les fagotz, le chartier, le chariot
et les chevaulx eussent esté noyez; et ainsi le
debvez croire.

*Comment les poulles et poussins crois-
soient au ventre de Bringuenarilles.*

CHAPITRE V.

O R est ainsi qu'il aimoit fort les
œufz, parquoy il luy en falloit à
chascun repas bien le nombre de
cinquante milliers pour le moins:
car il les avalloit sans mascher,
comme poys creuz, tout entiers sans casser,

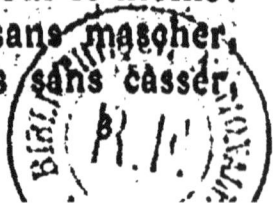

pource qu'il avoit les dentz grosses et longues.
A ceste cause, quand ilz avoient esté trois jours
entiers en son ventre, lequel estoit fort chault,
les poussins et les poulletz luy sortoient du trou
du cul tous esclos, de sorte que vous en eussiez
bien mengé. Les ungs couroient après luy, les
aultres avoient encores le bec au cul, et les aultres n'estoient encores qu'à demy-esclos, et le
corps à démy dedans son ventre. Quand ilz
avoient froit, il les couvroit de son manteau
pour les reschauffer, lequel estoit plus large que
toute la ville de Paris, voire trois fois plus pour
le moins, s'il estoit bien mesuré.

*Comment Bringuenarilles fut assailly des
Portugalois, et comment il avalla leur navire
à belles dentz.*

CHAPITRE VI.

L y eut une fois ung navire de
Portugallois qui deslacherent leur
artillerie contre luy; mais il en
recepvoit les boulletz à la main,
comme pelottes, et leur rejectoit si
rudement qu'il en effondra et rompit tout leur
navire. Et pource qu'ilz sont fiers et qu'ilz se
disent roys de la mer, par despit il print leur

navire à belles dentz, et l'avalla toute entiere
sans mascher, avecq tout ce qui estoit dedans,
dont il se trouva fort mal : car à ladicte navire
il y avoit plus de cinq cens marmotz et autant
de cynges qui luy saultoient dedans le ventre in-
cessamment, de sorte qu'il pensoit avoir les
avives. Au moyen dequoy fut contrainct de faire
descendre son medecin, c'est assavoir ledict
housseur et ramonneur de cheminées, dedans
son ventre avecq un fouet, lequel les luy fist
sortir à grans coups de fouet par le trou de cul,
dont les aulcuns se cacherent à l'ombre du poil
qui là estoit, puis en faisant une vesse les jecta
tous en la mer.

*Comment les coqs, chappons et poullailles
chantoient dedans le ventre de Bringuenarilles.*

CHAPITRE VII.

ET pource que souventesfois tous
les poussins qu'il esclouroit ne
sortoient pas tous hors de son
ventre, mais demouroient dedans
son corps, là où ilz croissoient si
grandz, estoient coqs parfaits, parquoy, quant il
bailloit, vous eussiez ouy plus de cent mille coqs
chanter dedans son ventre, si melodieusement

que vous eussiez pensé que ce eussent esté orgues, trompettes, saquebutes, bucines et haultz-
boys, tant chantoient doulcement. Au temps
que j'envoyay mon truchement par devers luy
en ambassade, à cause qu'il parloit bon Craille-
boye, qui estoit le langaige maternel dudict
Bringuenarilles, il estoit despité contre lesdictz
coqs, pource qu'ilz l'empeschoient de faire sa
digestion à cause de leur plume; parquoy il de-
manda conseil à mon truchement qu'il seroit bon
d'y faire, lequel luy conseilla d'avoir ung regnard
tout vif, lequel il avallast tout entier sans le bles-
ser, et que sans point de faulte il les luy feroit
sortir tous hors du corps, ou qu'il les estrangle-
roit tous sans en laisser ung seul en vie. Cela
qui fist, dont il se trouva fort bien; parquoy il
me manda par ledict truchement qu'il estoit à
mon commandement luy et ses biens.

*Comment Bringuenarilles rencontra ung
moulin à vent, lequel il avalla tout entier, avec
le meusnier et son chien.*

CHAPITRE VIII.

Or est il ainsi, comme on dict en
ung commun proverbe, qu'il n'est
si foible ne si fort, s'il ne tue, qu'il
ne soit mort. Il advint une merveilleuse adventure audit Bringuenarilles, dont il ne se doubtoit point; car, comme

il estoit ung jour au bort de la mer, prés d'ung moulin à vent, auquel il y avoit ung gros mastin de chien, lequel ne cessoit d'abbayer aprés ledict Bringuenarilles; parquoy il ne pouvoit reposer nuict ne jour, dont il fut si fort despité que, par fureur et ire, il ouvrit la bouche si grande qu'il degloutit et avalla ledict moulin tout entier, sans rompre ny casser aulcune chose, avecq le musnier et son chien tout envie, tant avoit la bouche grande et fendue, parquoy vous pouvez tous croire qu'il eust bien avallé ung noyau de cerise tout entier.

Et pource qu'il avoit les narines proportionnez à la bouche, et que le vent donnoit dedans, ledict moulin mouloit et tournoit en son estomach, comme s'il eust esté en pleins champs. Toutesfois il print bien audict meusnier de ce qu'il avoit encor force sacz pleins de blé, parquoy il laissa tousjours mouldre et tourner ledict moulin. Ce nonobstant, quant il n'eut plus que mouldre, le feu se print és meules, et brusla ledict moulin dedans le ventre dudict Bringuenarilles; parquoy il tumba en fiebvre continue, tant à cause du feu que du claquet d'icelluy moulin. Il mourut le jour mesme qu'il trespassa; toutesfois ledict musnier et son chien se saulvèrent par les narrines, qui demourerent ouvertés, et pource que l'asne du musnier rompit son licol, il s'en courut à tous les diables aprés son maistre à travers champs, et vous aprés.

D'ung pays où la terre est si fertile qu'elle produict par chascun an plus de mille moulins à vent, ensemble les musniers et les asnes, tous propices pour porter la farine.

CHAPITRE IX.

L advint du depuis, à cause de la mort dudict Bringuenarilles, ung aultre cas si merveilleux que je ne vous en ose rescrire la verité, de peur que vous ne disiez que je mens, combien qu'il soit vray. C'est qu'au lieu où ledict Bringuenarilles mourut et qu'il fut bruslé, la gresse penetra si avant en la terre qu'elle entra et parvint jusques aux enfers, en sorte qu'elle brusla les espaulles de Lucifer, à cause qu'il estoit enchesné au fons d'enfer et qu'il ne s'en pouvoit fuyr. Au regard de ses disciples, ilz se saulverent où ilz peurent, mais non pas sans estre fort interessez en leurs personnes. La terre où le cas advint demoura si grasse et si fertile qu'elle produit par chascun an plus de mille moulins à vent, avecq les musniers et les asnes tous propres à servir ausdictz moulins. Les gentilz hommes du pays en vont achapter ce pendant qu'ilz sont encores petitz, devant qu'ilz soient venuz en maturité et à perfection,

et les font mener en leurs terres et seigneuries
sur des brouettes, puis les font planter, et, lorsqu'ilz sont desja grandz et parcruz, il ne leur
fault que tourner les æsles vers le vent, et lors
ilz meulent et tornent comme ceulx de par deça.
Le seigneur à qui est la terre où ilz croissent en
reçoit par chascun an ung merveilleux argent de
ceulx qui les vont achapter : car l'on en meine
par mer et par terre ung nombre infiny.

*De la mer des Farouches, où les gens sont
veluz comme ratz, et de leur maniere de faire.*

CHAPITRE X.

APRÉS avoir veu toutes ces choses,
et que nous pensions bien estre
quittes de tous perilz et dangers,
nous cheusmes en ung aultre peril
plus grand que tous les aultres que
nous avons passez, comme vous orez. Car, en
passant par la mer des Farouches, qui sont gens
veluz comme ratz, et de telle couleur, qui habitent en cavernes au fons de la mer, esquelles
ilz se cachent de peur d'estre mouillez quand il
pleut en hyver, et en esté de peur de chaleur du
soleil; lesquelz apperceurent l'umbre de nostre
navire passer par dessus eux, sortirent en si

grand nombre contre nous que nous cuydions tous estre perduz d'abordée : car ilz rampoient et gravissoient avecques les ungles amont nostre navire, de sorte qu'il en estoit tout couvert, et, n'eust esté que mes gens estoient gens de bien et de deffence, et qu'à grands coups de halebardes, de voulges, de picques et de haches d'armes, ilz les abatoient en la mer plus dru que mouches, nous estions tous perduz, mortz et noyez, et pareillement nostre navire, sans qu'aulcun nous eust peu secourir ny saulver.

De la subtilité des Farouches; comme ilz se plongent dedans l'eaue quand l'on tire de l'artillerie, et comme ilz sont difficiles à prendre.

CHAPITRE XI.

N dict comunement qu'à quelque chose est malheur bon; mais je l'apperceuz à ceste heure là : car bien me print que mes gens n'avoient point d'oreilles, et qu'ils estoient tous de nouveau tonduz, parquoy ilz ne les sçavoient par où prendre pour les jecter en la mer, sur laquelle iceulx Farouches nouent comme canardz, et se plongent dedans quand on les pense tuer de traict oú d'artillerie à feu, au moyen dequoy noz serpentines, canons, bombardes, harquebouses, ne nous servoient de rien : car, voyant que la mer estoit toute couverte d'iceulx Farouches, qui estoient ainsi animez et acerez contre nous, je me retournay vers Dieu, qui n'oublie jamais ses amis et bons serviteurs au besoing, et lors m'inspira et advertit d'ung remede singulier pour evader hors des mains et des dentz d'iceulx Farouches : car, alors que nous n'en pouvions plus, et que nous estions las de nous combatre contre eulx, je m'advisay, moyennant l'inspiration divine, que les chauldieres, potz de cuyvre et marmites de noz cuysines estoient au feu tous pleins de brouetz et eaues chauldes; si commanday à mes gens qu'avec leurs salades et secrettes ilz jectassent tous lesdictz brouetz et eaues chauldes impetueusement sur eulx; ce qu'ilz feirent, parquoy ilz en bruslerent et eschaulderent tant et en si grand nombre que ce fut une chose merveilleuse. A ceste cause, ilz furent contrainctz de soy retirer et de nous laisser en paix, pource qu'ilz n'avoient jamais sentu eaue chaulde en la mer.

Par ce moyen nous leurs pelasmes la teste et le dos, en sorte qu'ilz ne nous oserent plus approcher ny suyvir. Ilz ont grans dens et longs comme alesnes, pour prendre les poissons en la mer, desquelz ilz vivent et mengent à la moustarde, comme nous faisons les andouilles ou le beuf salé, quand ilz sont en leurs cavernes et maisons au fons de la mer, laquelle est là endroict plus de trois céns toyses de profond. S'ilz nous eussent prins et vaincuz, je crois qu'ilz nous eussent menez prisonniers en leurs cavernes au fons de la mer, qui nous eust esté fort estrange, pource que nous n'avons point accoustumé ny aprins à boyre eaue salée; toutesfois, grace à Dieu, et au moyen de nostre vaillance, qui n'est pas petite, nous eschapasmes, et esperantz tousjours trouver quelque bonne fortune, ce que nous feismes puis aprés, comme vous orez.

Comment en une isle il y a des gens que l'on nomme Andouilles, de douze piedz de long, lesquelles arracherent le nez à aulcuns des gens de Bringuenarilles.

CHAPITRE XII.

ENVIRON l'heure de menuict, que nous pensions estre encor en la mer d'iceulx, Farouches, le vent nous fut aggreable que nous vinsmes aborder és isles Luquebaralideaux, esquelles habitent les Andouilles, qui sont grandes environ de douze piedz de long et de haulteur, et ont des dentz moulte trenchantes et aguës, et vont par grands trouppes parmy ycelles ysles, comme grués ou moutons. Et

d'abordée qu'elles nous veirent descendre hors
de nostre nef, elles vindrent contre nous par
moult grande impetuosité, saultant en l'aer
comme mytaines; en sorte qu'elles arracherent les nez d'aulcuns de mes gens, à cause
que elles ne les pouvoient pas prendre par les
oreilles ny par les cheveux, pource qu'ilz n'en
avoient point, au moyen dequoy ilz demeurerent
tous camus, dont ilz estoient fort honteux. Toutesfoys nous prismes grand couraige; à grands
coups d'espées à deux mains nous les tranchions
à travers du corps, pource qu'elles n'avoient
nulz os, et les mismes tous en fuyte, sinon celles
que nous tuasmes: car elles demeurerent mortes,
et, n'eust esté ung gros fleuve de moustarde,
qui vient d'une fontaine, laquelle sourd de des-
soubs ung rocher de pierre grise de la couleur de
moustarde, la plus forte que jamais homme
goustast, lequel fleuve court par le millieu et
tout à travers d'icelles isles, nous les eussions
mises toutes à mort; mais elles se jecterent dedans iceluy fleuve, duquel elles ont accoustumé
de boyre, et nouerent oultre.

Aulcuns de mes gens se jecterent aprés pour
les suyvir, et principalement ceulx à qui elles
avoient arraché le nez, car ilz estoient fort animez contre elles; mais, pource qu'icelluy fleuve
est de moustarde la plus forte que je vy jamais,
et qu'elle leur entroit en nouant dedans les trouz
des narrines, ilz furent contrainctz de soy retirer, pource qu'ilz ne pouvoient souffrir ny en-

durer la force de la moustarde dudict fleuve, et qu'ilz avoient les nez de nouveau arrachez.

Comment Panurge commanda que l'on recueillist lesdictes Andouilles qui avoient esté couppées, pour mettre en sa navire pour nourrir et substanter ses gens.

CHAPITRE XIII.

UAND nous vismes que nous ne leur pouvions aultre mal faire, nous deliberasmes en nous mesmes de nous en retourner amasser toutes celles que nous avions tuez, et les salasmes tres-bien, et les portasmes en nostre nef, puis les fismes seicher, les unes à la fumée, les aultres au soleil, lesquelles nous servirent bien puis aprés. Si elles ne se feussent saulvées audict fleuve, nous en eussions emply tout nostre navire, et vous en eussions apporté pour veoir et monstrer de quelz volumes ilz sont, et pour vous donner envye d'en manger, car ilz sont fort bonnes.

Comment Panurge fist faire la monstre de ses gens, pour sçavoir s'il en avoit beaucoup perdu, et comme il arriva au pays des Lanternes, et d'ung festin ou banquet triomphant que fist la royne des Lanternes.

CHAPITRE XIV.

OYANS les perilz et dangers desquelz nous estions eschappez, je fis sortir tous mes gens de ma navire, pource qu'il me sembloit que nous estions en seureté, et leur fis faire la monstre, pour sçavoir si aulcuns avoient point esté mis à mort, et devorez par icelles Andoilles, comme elles ont faict aultresfoys à d'aultres quand elles ont esté les maistresses; parquoy je vous conseille que, si vous y allez, que vous portez vos espées à deux mains pour vous deffendre, car c'est ung fort bon baston en telle guerre. Lors je fis appeller et compter tous mes gens; si trouvay que puis mon partement je n'en avoye perdu ung seul, dont je remerciay Dieu, lequel nous avoit tous saulvez et gardez de quelque peril ou adversitez que nous eussions jamais eu. Puis tirasmes oultre, et tant exploictasmes nuyct et jour que nous arivasmes à Lanternoys, qui est le pays là où les Lanternes ha-

bitent, duquel Lucian faict mention en son livre
des Vrayes Narrations.

Or estoit il environ la my may, au jour propre
que la royne faisoit la grande feste et solennité
de son natal; à ceste cause nous feusmes invitez
et semondz au festin et banquet, qui fut si triumph-
phant et si magnificque que je ne vous en ose
pas bonnement descripre la pure verité, de
paour que j'ay d'en mentir: car à celluy jour, estoient là assemblées toutes les Lanternes du
monde, comme vous pourriez dire les Cordeliers
en leur chapitre general, pour traicter des ne-
goces et affaires desdictes Lanternes et de leur
royaulme. Elles furent toutes en procession en
bel ordre deux à deux, chantans si melodieusement qu'il n'est possible de jamais ouyr plus
doulce armonie.

Les unes jouoient des haulxboys, les aultres
de saquebuttes, doulcines, clairons, trompettes,
et cornetz d'yvoire, et marchoient devant, son-
nantz si doulcement que vous n'eussiez pas ouy
le ciel tonner. Elles marcherent toutes en tel
ordre jusques à ce qu'elles fussent toutes entrées
dedans la grand sale du palays de la royne, là
où les tables estoient dressées et preparées pour
le festin et banquet. Et aprés qu'elles furent
toutes entrées, nous entrasmes par commandement en ladicte salle. Lors la royne nous fist dire
par nostre truchement, lequel parloit bon lanternoys, que nous n'eussions aulcune craincte;
et, lors que nous fusmes tous entrez, les portes

furent fermées. Puis fut baillé à laver à la royne,
puis à chascun en son ordre, selon sa dignité,
et à nous aussi pareillement.

La royne fut assise en ung hault throsne, es-
levé en une chaire couverte de drap d'or, la cou-
ronne sur la teste, ung ciel de satin cramoysy
broché de fin or, de Cypre, enrichy de fines
pierres precieuses, comme

Escarboucles,
Esmeraudes.
Rubis,
Dyamantz,
Ematistes,
Aquilins,
Birilz,
Grisolites,
Agattes,
Granatz,
Saphirs,
Citrins,
Aletoires,
Coraulx,
Jacinte,
Balays et Turquoyses,
Crapauldines.

Icelle royne véoit de son throsne tous ceulx
et celles qui estoient en la salle, en laquelle
avoit à travers une table de marbre, en laquelle
estoient assises les dames du sang et les plus

prochaines parentes de la royne, chascune en
son ordre, selon son degré et qualité, lesquelles
il faisoit moult bon veoir. La royne et les dames
du sang avoient toutes leurs robbes de fin voirre
cler et resplendissant à grandes bandes de plomb.

Les aultres avoient robbes de fines cornes,
bandées de bois bien uny et rabotté; les aulcunes
les avoient bandées de fer blanc, et les aultres
avoient robbes de vessies de porc, ou de beuf,
les aultres de boyaulx, et les aultres de toillé, et
les aultres de papier.

Quand elles furent toutes assises selon leurs
dignitez, on leur apporta à chascune pour entrée de table la belle grosse chandelle de mouton, aussi blanche comme belle neige. Celle de
la royne est plus grosse que nulle des aultres.

Elles furent toutes allumées, et lors rendirent
si grandes clarté et lumiere qu'il sembloit que
l'on fust en plain mydy. La royne fut servie la
premiere de goabins, qui est une viande fort
exquise au pays des Lanternoys, car je n'en veis
jamais alleurs.

Les aultres dames du sang pareillement. Les
aultres furent servies de bourboufles, qui ne
sont pas si cheres ne si fortes à trouver que les
goabins.

Elles eurent des nudrilles boullies en eaue
froide, de peur qu'elles ne sentissent la fumée, et
puis aprés des hannicrochés rosties avecq char-
bon et glace, de peur qu'elles ne leur brulassent
les dens.

Et en aprés elles furent servies de triquedon-
daines frittes, et, cela desservy, on leur apporta
des pastez d'agobilles, lardées de farouare, lequel
est fort cher, car il n'en croist gueres en France.
En aprés elles eurent des triquehouses farcies de
triquebiles; consequemment on leur presenta
des marmelottes et des cancrevides rosties en la
broche entre deux platz, avec des farsignolles
sallées de pouldre à canon, de peur de la colicque,
car elles font bon ventre.

Elles eurent aussi force mynchardes pouldrées
de gringuenauldes fines ; et pour la quarte assiete
elles eurent des halledosses aux grumelins, avec
les dadiffles chauldes, puis les marrouffles et les
croquignolles, puis feurent apportez les barcotins
et firelimouzes, et les barbelousses succrez de
poix raisine fresche.

*Comment, aprés qu'ilz eurent soupé et
faict grand chere, la royne commanda lever les
tables, et comme la royne dansa une basse
dance à quatre parties.*

CHAPITRE XV,

E festin et banquet achevé, la royne
commanda oster les tables, affin
qu'on danceast et ballast pour passer temps, et, incontinent qu'elles
furent levées, elle dansa une basse
dance à quatre parties. Je vous promectz qu'il

5

le faisoit bon veoir, car elle avoit bonne conte-
nance. Elle menoit ung follot, lequel faisoit merveilles de dancer et sauter sur ung pied de boys.
Je ne sçay pas si c'estoit son mary, car je ne les
vy pas coucher ensemble; toutesfoys tant y a qu'il
y avoit plusieurs petites lanternes, fort jeunes et
encore en bas aage : à ceste cause je croy qu'elles
estoient filles des grandes. Il y en avoit en la
cuysine d'aultres vieilles qui estoit fort cassées
et brisées, lesquelles nous ne vismes pas; je croy,
que c'estoient celles qui lavoient les escuelles,
qui servoient de faire la buée.

*Comme on dancea ung bransle auquel une
des damoyselles de la royne fist ung sault merveilleux, dont elle demoura pendue au hault
de la salle, et de plusieurs aultres dances.*

CHAPITRE XVI.

A premiere dance faicte, les menes-
triers sonnerent ung bransle, auquel toutes les dames se mirent à
dancer, et trousserent toutes leurs
robbes et cottes par devant. Lors se
mirent à faire gambades et soubresaultz de sorte
qu'elle jectoient les piedz jusques au plancher.
Fallotz saultoient, Lanternes culbutoient cul
par sur teste, comme si ce fussent tumbereaulx

de verbrie. Je vous certifie que, si vous les eussiez
veues comme nous, vous vous fussiez signez de
la main gauche, de peur de la gresle. Elles s'en-
tretenoyent par dessoubz les bras, et faisoient
saulter les unes les aultres si hault en l'ær qu'il
y en eut une qui effondra le plancher de dessus la
salle de sa teste, et demoura pendue par le men-
ton, au moyen dequoy la feste fut toute trou-
blée. Toutesfoys elle fut descrochée, et portée en
sa chambre toute pasmée et esvanouye. Je ouy
la royne qui la reprint et blasma de sa legiereté,
car elle fut en danger que sa chandelle fust
estaincte et qu'elle perdist sa lumiere et sa clarté,
et qu'elle demourast aveugle. Les cirurgiens de
la royne luy mirent des huilles de roses, de lys
et de mirtes, avec la laine à tout le suyf soubz la
gorge, dont elle fut guerie.

Au moyen dequoy elles se prindrent toutes à
dancer de rechief :

Les six visages,
La roagace,
Le trehory de Bretaigne,
Les crapaulx et les grues,
La gaillarde,
La marquise ,
Si j'ay mon joly temps perdu,
L'espine,
C'est à grand tort,
La frisque,
Par trop je suis brunet,

De mon triste et desplaisir.
Quand my souvient,
La galiotte.
La gotte,
Marry de par sa femme,
La gaye,
Malmaridade,
La pamyne,
Katherine,
Sainct Rach,
Sancerre,
Nevers,
Picardie la jolye,
Curé venez doncq,
Je demoure seule esgarée,
La meusque de Biscaye,
L'entrée du fol,
A la venue de Noël,
La Perronnelle,
A la bannye,
Governal,
Foix,
Verdure,
Princesse d'amour,
Le cueur est mien,
Le cueur est bon,
Jouyssance,
Chasteaubryant,
Beurre frays,
Elle s'en va,
La duccate,

Hors de soucy,
Jaqueline,
Le grand helas,
Tant ay d'ennuy,
Mon cueur sera d'aymer,
La signose,
Beau regard,
Les regretz du mors,
La doloreuse,
Sans elle ne puis;
Perichon,
Maulgré danger,
En l'umbre d'ung buyssonnet,
La douleur qui au cueur me blesse,
La fleurie,
Frere Pierre,
Les grandz regretz,
Vaten regrect,
Toute noble cité,
N'y boutez pas tout,
N'y boutez que le bout,
Les regretz de l'aigneau,
Le bail d'Espaigne,
Cremone,
La merciere,
La tripiere,
Mes enfans,
C'est simplement donné congé,
Mon con est devenu sergent,
Par faulx semblant,
La Valentinoyse,

Expec ung poc ou pauc,
Le renom d'ung esgaré,
Fortune a tort,
Testimoniou,
Calabre,
Qu'est devenue ma mignonne,
L'estrac,
Amours,
Esperance,
En attendant la grace de ma mignonne,
Robinet,
Triste plaisir,
Regoron piony,
Loyselet,
Biscaye,
En elle n'ay plus de fiance,
En plainctz en pleurs je prend congé,
La douloureuse.
Ce qui sçavez,
Qu'il est bon,
Tire toy là Guillot,
Amours m'ont faict,
Desplaisir,
La patience du more,
Le petit helas,
Les souspirs du poulin,
A mon retour,
Je ne sçay pas pourquoy,
Je ne fais plus,
Pauvres gensd'armes,
Faisons la faisons,

Noire et tennée,
Le faucheron,
La belle Françoyse,
Ce n'est pas jeu,
C'est ma pensée,
Loyal espoir,
Beaulté,
Tegrafirius,
Patience,
C'est mon plaisir,
Navarre,
Hac bourdain,
Fortune l'allemande,
Les pensées de ma dame,
Penses tout la peur,
Regnault le fort,
Elle a grand tort,
Je ne sçay pas pourquoy,
Helas que vous a faict mon cueur,
Noblesse,
Tout au rebours,
Hé Dieu quelle femme j'avoye,
L'heure est venue de me plaindre,
Mon cueur sera d'aymer,
Cauldal,
C'est mon mal,
Dulcis amica,
Qui est bon à ma semblance,
La chaulx,
Les chasteaulx,
La giroflée,

Vazammon,
Jure le poix,
Il est en bonne heure né,
La nuyct,
La douleur de l'escuyer,
La douleur de la charté,
Le grand Alemant,
A Dieu m'en voys,
Bon gouvernement,
Mi sou net,
Pampelune,
Ilz ont menti,
Pour avoir faict au gré de mon mary,
Les manteaulx jausnes,
Ma joye,
Ma cousine,
Le mont de la vigne,
Toute semblable',
Elle revient,
A la moytié,
Tous les biens,
Ce qui vous plaira,
La marguerite,
Or faict il bon,
Puisqu'en amours suis malheureux,
A la verdure,
Sur toutes les couleurs,
La lesne,
En la bonne heure,
Or faict il bon aimer,
Le temps passé.

Le joly boys,
L'heure vient,
Le plus dolent,
Mes plaisirs chantz,
Mon joly cueur,
Bon pied bon œil,
Hau bergere m'amye,
Touche luy l'antiquaille,
Baille luy bransle à la tisserande,
La pavenne,

qui sont toutes danses pour saulter et pour gam-
bader. Nous les regardasmes jusques en la fin.
Puis la royne fist apporter le vin et les haplour-
des confites en jus de gramelottes et de lambour-
des, et force grimaces salées, rosties au raiz de
la lune, de peur du halle, lesquelles sont fort
savoureuses. Et quand chascun en eut prins ce
qu'il luy pleut, la retraicte fut sonnée; parquoy
la royne print un fallot par dessoubz les bras,
lequel avoit le semblant d'estre homme de bien.
Je ne sçay pas si c'estoit son mary, mais tant il
y a qu'il se retira quant et elle. Toutefois elle
envoya grand nombre de fallotz pour nous con-
voyer jusques en nostre navire, et fist emplir
tous noz flascons et barraulx de bourbelot, qui
est bruvaige fort exquis en Lanternoys. Je croy
que, si un homme s'enyvroit, qu'il deviendroit
Lanterne; j'eu grand peur que mes gens ne s'en
gastissent; toutesfois, grace à Dieu, tout se porta
bien, et n'en vint aucun inconvenient.

Comme Panurge fist renverser les War-
louphes, comme l'on faict ung brodequin ou les
chausses des femmes, et comme son grand
pere avoit voulu faire paingdre ses armes de
trois pedz volans.

CHAPITRE XVII.

U depuis, nous fusmes quelque temps vagans sur la mer, sans avoir aulcun infortune ; mais tantost après nous l'eusmes bien grande et bien merveilleuse, car la tourmente se leva si horrible que nous fusmes jectez entre les Syrtes, qui sont les plus grands et enormes perilz de toute la mer, au moyen desquelz nostre nef fut brisée et rompue en plusieurs endroictz : car, comme nous pensions eviter l'enorme peril de Caribdis, nous tombasmes en celluy de Scilla, auquel nous fusmes si fort agitez des undes de la mer qui s'eslevoient plus haulx, sans comparaison, que nostre navire, de sorte que nous pensions estre tous mors et noyez.

Et lors que je vys que la tourmente ne cessoit point, je priay à mes gens qu'ilz se missent tous en priere et oraison, et qu'ilz jeunassent trois jours et trois nuictz comme ceulx de Ninive : c'est assavoir le premier et le second jour à feu et à sang, et le tiers à fer esmoulu. Cela faict, Dieu, qui n'oublie point ses amys au besoing, voyant que, pour meschans gens, nous estions si gens de bien, nous jecta et preserva hors d'icelluy peril; parquoy nous tirasmes oultre et fismes racoutrer et calfeutrer nostre navire pour plus grande seureté.

Toutesfois, ignorans du grand peril qui nous estoit encores à advenir, comme vous orrez, nous tirasmes oultre et vinsmes aborder en l'isle des Marganes, en laquelle sont les Warlouphes, qui sont bestes grandes et merveilleuses comme leons. Ilz sont vestuz d'escaille comme sont carpes; mais elles sont sans comparaison plus grandes et plus dures que le plus dur acier du monde, car elles sont trempées en jus et en sang de cotton et d'estoupes.

Quand elles nous apperceurent là où nous estions sortiz hors de nostre navire, elles vindrent contre nous la gueulle ouverte, grande comme un four à ban, pour nous devorer et engloutir tous vifz; parquoy je fis destacher à mes gens toutes leurs haquebuttes et harquebouses contre eulx; mais tout cela n'y servit de rien, car leur escaille estoit si dure et si espesse que noz bouletz et plombées n'eussent sceu prendre dessus; parquoy ilz rejaillissoient vers nous.

Lors quand je vy cela, j'eu merveilleusement grand peur; parquoy je dis à mes gens qu'ilz prinsent couraige, et qu'ilz missent les braz jusques aux espaulles dedans les gueulles desdictz

Warlouphes, si avant qu'ilz les prinssent par la queue et qu'ils les tournassent le dedans dehors, comme l'on faict les brodequins, ou comme faict une femme sa chausse quand elle chasse aux puces.

Ce que mes gens firent, et moy aussi, à tous ceulx qui vindrent pour nous courir sus, au moyen dequoy nous eschapasmes.

Et ce qui m'en advisa fut pour ce que j'avoys aultresfois ouy compter à mon pere grand qu'il avoit faict le cas pareil à ung loup qui vouloit prendre et emporter l'ung de ses petiz enfans, là où le bon homme se chauffoit auprés de son feu, du temps des Angloys.

Il me compta aussi qu'il avoit faict une fois ung si gros ped qu'il en avoit faict enfouyr bien trente loups qui couroient de nuict le pays de Beauvoysy, et en admenoient quinze ou seize vaches qu'ilz avoient desrobées et prinses pour butin, lesquelles ilz chassoient devant eulx et par devant ung boys. Et pour icelle vaillance, il voulut faire paingdre en ses armes trois pedz volantz.

Il parla à plusieurs painctres pour faire lesdictes armes, lesquelles il leur declara, c'est assavoir qu'il vouloit dedans ung escusson le champ de gueulles, et au milleu trois pedz volans. Les painctres luy en firent ung pourtraict qu'il trouva assez bon; mais la science leur faillit à tous au plus fort de la besongne, car nul d'iceulx painctres ne sceut jamais inventer ne dire de quelle couleur est un ped, ne celluy mesmes qui les vouloit faire paingdre, parquoy l'œuvre demoura imparfaicte.

Et quand il fut mort, il donna charge à ses heritiers de faire paingdre lesdictes armes, ainsi que plus amplement on pourra veoir par son testament.

Comme Panurge navigua tant qu'il trouva une montaigne de beurre fraiz, et auprés d'icelle ung fleuve de laict portant bateau.

CHAPITRE XVIII.

PRÉS les grandes et diverses infortunes que nous avions portées et souffertes, ignorans en quelle terre et contrée nous nous devions retirer pour estre asseurez et quittes d'adversitez, par cas fortuit, nous arrivasmes, comme Dieu le voulut, es isles fortunées, desquelles Ptolomée, Strabo et plusieurs aultres cosmographes parlent et font mention en leurs livres, desquelles isles je crains moult d'en dire la verité, de peur d'en mentir : car, au vray dire, c'est une chose admirable et fort merveilleuse à croire, et, n'estoit que vous sçavez bien que ne suis point menteur ny controuveur de bourdes, bien à peine me croiriez vous.

Car en icelles isles, entres les aultres choses
dignes de memoire, il y a une grande et exces-
sive montaigne toute de beurre frais, le plus
beau et le meilleur dequoy jamais homme goustast, laquelle est commune à tous ceulx et celles
qui en veulent prendre. Je ne la vouldroys pas
enseigner aux Flamens : car, combien qu'elle
soit grande, je croy qu'ilz la mettroient à fin.
Du pied de celle montaigne sourt ung grand
fleuve tout de laict, portant bateau comme la
riviere de Seine, le plus doulx et le plus gras
que jamais bouche d'homme sçauroit menger
ny gouster.

Du long d'icelluy fleuve, vers soleil levant,
il y a une aultre merveilleuse montaigne, de bien
cinquante lieues de long, toute de farine aussi
blanche comme belle neige, ou, comme vous
pourriez dire, le fin sablon d'Estampes, laquelle
est commune à tout le monde. Il en prend qui
veult; elle ne couste que à bouter dedans
le sac.

De l'aultre costé d'icelluy fleuve, il y a une
fontaine grosse à merveilles, de laquelle sourd
ung aultre gros fleuve, tous de poys coullez au
lard, tous chaulx, desquelz moy et mes gens
mangeasmes tant que aulcuns d'iceulx, sous le
nez de vous, chièrent en leurs chausses, de
sorte qu'ilz les rendoient par le colet de leur
pourpoint, au moyen dequoy aulcuns furent
malades jusques à la mort.

En icelluy fleuve croissent les andouilles salées toutes fraisches, de la longueur de quarante ou cinquante toyses du moins, les meilleures que jamais homme mangeast; mais il les fault faire cuyre avecq lesdictz poys qui les veult trouver bonnes. Elles n'ont nulz os non plus que celles de Milan, et sont ainsi fermes et solides.

Nous en emplismes le bas de nostre navire et les couspasmes par trançons, de la longueur de chevrons, que nous entassasmes les ungs sur les aultres comme busches de moule. Les tronçons sont plus gros qu'une grosse tonne à harencz sorez.

Mais que nous faisons nostre festin et banquet joyeulx, s'il vous plaist de vous y trouver, nous vous en donnerons.

Sur la rive d'icelluy fleuve, il y a de grandz arbres qui sont vers en tous temps, comme sont houlx, lauriers ou orengiers, plus haulx et plus eslevez que les plus haulx sapins que vous vissiez jamais, lesquelz portent ung fruict long d'environ trois toyses, qui est comme casse fistule, et y en a de masle et de femelle. Dedans les cosses des masles croissent les boudins tous rostiz, et dedans celluy des femelles croissent les saulcisses toutes chauldes et toutes rosties,

Quand l'on en veult menger, il ne les fault que escosser comme l'on feroit febves. Nous en fismes bonne provision d'escossez et à escosser, pource que nous ne sçavions où nous nous pourrions trouver.

Audict fleuve de laict il y a des anguilles, des lamprois et des gongres qui ont bien une grande lieue de long, aussi blanches que belle neige. Je fis mettre une saulcisse à ung gros hain avec une corde que je fis jecter audict fleuve; mais il vint incontinent une anguille longue plus de mille toyses, qui avalla hain et saulcisse, parquoy elle demoura prinse et accrochée; mais il nous falut avoir ung cabesten pour la tirer hors de l'eaue et du fleuve.

Et pour ce faire, nous feusmes tous empeschez, et ne la cuydasmes jamais tirer.

Quand elle fut hors, je la fis escorcher et en fis seicher la peau au soleil, et d'une partie je fis faire des voiles à mon navire, pource que les vieilles estoient fort rompues et cassées pour la tourmente que nous avions eue en divers lieux de la mer.

De l'aultre partie mes gens firent faire des hallecretz et des manteaulx et des cappes à l'espaignolle, et en furent tous revestuz et chaussez, dont bien nous print, car nous en avions tous bon besoing.

Sur lesdictz fleuves n'y avoit aulcuns moulins à vent ny à eaue, car les habitans du pays n'en ont que faire, à cause de ladicte montaigne de farine.

En descendant vers la mer, du long d'iceulx fleuves, tant de laict que de poys coulez au lard, nous trouvasmes une belle et grande champaigne, là où ceulx du pays plantent les œufz à

la houe, comme l'on faict les febves en France,
avec une cerfouette, lesquelz œufz germent en
la terre et jectent une tige haulte de plus d'une
lance, laquelle produict des cosses longues d'une
toyse, et y a en chascune cosse trente ou quarante œufz du moins.

Desquelz ceulx du pays vivent, car ilz n'ont
point d'aultre fruict que lesdictz œufz, lesquelz
sont plus gros, sans comparaison, que les œufz
d'une oye, et sont fort bons et de bonne digestion, et engendrent bon sang, comme je sçay
par experience. Le pays est nommé par les habitans l'isle des Coquardz,

*Comme Panurge arriva en ung pays plat,
qui n'est point labouré, mais fort fertil, là où
croissent les pastez chauldz, et d'une nuée dont
tombent les alouettes toutes roslies, et comme
l'on y couvre les maisons de tartelettes toutes
chauldes.*

CHAPITRE XIX.

D E l'aultre part de l'ung desdictz
fleuves, il y a ung aultre grand
pays plat qui est fort fertil, mais
il n'est point labouré; toutesfois
il y croist si grande abondance de
petiz pastez tous chauldz que c'est une chose

incredible, et viennent en une nuict comme les
champignons; et ceulx du pays ne vivent d'aultre chose, car, incontinent qu'ilz sont leyez, au
matin, ilz les vont cuillir par grandes pennerées,
comme ilz feroient fresses ou champignons.

Si tous les frians de Lyon y estoient, je croy
qu'ilz en gresseroient bien leurs lippes et leurs
barbes, car ilz sont fort bons. Tous les matins,
environ soleil levant, il se lieve une grande nuée
fort espesse, de laquelle, dés que le soleil donne
dessus, les alouettes en chéent toutes rosties, et
ne fault que ouvrir la bouche, car elles tumbent
toutes chauldes dedans; mais il fault porter du
sel qui les veult menger salées, pource qu'il
n'en croist point au pays, à cause que l'aer y est
trop doulx.

Du long des hayes dudict pays, lesquelles sont
d'arbres comme groseliers, croissent les tartelettes et flannets tous chauldz, desquelz les
bonnes gens du pays usent pour yssue de table.

Il y en croist en si grande abondance qu'on en
couvre les maisons au lieu de thuylle ou d'ar-
doyse. Les petiz enfans du pays ne se desjeunent
d'aultre chose.

D'une isle où croissent les corbeaulx et les chevres verdes, et de quelle sorte les gentilz hommes du pays font des manteaux pour se couvrir quand il pleut, et comme en fin lesdictes chevres deviennent femmes.

CHAPITRE XX.

ENTRE les merveilles de par dela, c'est qu'il y a de grandz corbeaulx noirs, aussi blancs que signes, qui vivent en l'aer comme vaches, qui est une chose digne d'admiration. Et d'advantaige, il y a foison de chevres verdes, qui ont les aureilles plus larges que les vens dont on venne le bled.

Quand il pleut ou qu'il gresle, ceulx qui les meinent paistre se cachent dessoubz, de peur d'estre mouillez de la pluye.

Elles sont cornues, mais elles ont la corne au cul soubz la queue, qui n'est pas droictement en bon sens.

Quand elles voyent les gens, elles s'enfuyent de peur, et courent fort comme escrevices ou limassons és montaignes d'Auvergne.

Quand elles sont vieilles, les gentilz hommes du pays leur font coupper les aureilles et en font des manteaux qui sont fort beaux, car ilz sont plus fin verds que le plus fin velours ou satin que vous veissiez jamais.

Aprés qu'elles ont les aureilles couppées, elles deviennent femmes et sont nommées chievres coeffées. Il y a plusieurs folz qui en sont si amoureux qu'ilz en perdent les piedz, comme font les amans, lesquelz baisent souvent la clicquette de la porte de celles qu'ilz pensent estre leurs amyes.

De l'isle des Papillons, et la maniere dont les gens du pays font les maisons et habitations et les eglises, et comme les grues volent en l'aer toutes rosties par belles bendes.

CHAPITRE XXI.

L y a en aulcuns quartiers desdictes isles des papillons qui ont les aelles si grandes qu'on en faict les aelles, des moulins à vent et les voyles des navires, lesquelz papillons, aprés qu'ilz ont perdu les aelles et qu'ilz sont muez, ilz deviennent cerfz grandz et cornuz, lesquelz sont fort dangereux et maulvais à rencontrer. Ilz se nomment cornupetes.

Le pays et la terre sont si gras et si fertiles que tout ce qui y croist vient comme par despit; et entre les aultres choses, les courges ou cucurbites y croissent si grandes et si grosses qu'ilz en font les maisons et les eglises aprés qu'ilz en ont osté tout ce qui est dedans, et qu'ilz les ont faict seicher.

Les habitans du pays demeurent dedans, comme ilz feroient en grandes maisons ou chasteaux, car ilz font des portes, des huys et des fenestres comme nous faisons en noz maisons par deça.

Il les faict fort bon veoir aprés qu'elles sont dressées debout, car le bout d'en hault sert de clocher ou cheminées, comme vous povez ymaginer, ou y allez veoir si vous ne m'en voulez croire, car je vous asseure que je n'en ment d'ung seul mot.

Vous verriez voler en l'aer les grues par moult belles et grandes bandes toutes rosties et toutes lardées, en sorte qu'il ne reste qu'avoir du sel et du pain pour manger avec; mais il y a bien maniere de les prendre, car elles volent fort hault.

Toutesfoys, pour les prendre, ilz ont des gerfaultz qu'ilz laschent en l'aer à tout leurs sonnettes, et quand ilz sont au dessus d'elles en l'aer, ilz les font descendre en bas, et puis ilz les prennent à la course et les mangeussent comme j'ay dict.

Comme Panurge voulut visiter plus amplement lesdictes ysles, et des trois fleuves singuliers qu'il trouva, et des arbres où croissent les craquelins et eschauldez.

CHAPITRE XXII.

R, pource que les geographes et cosmographes font grosse estime d'icelles isles, nous les voulusmes bien perlustrer et visiter toutes de une part et d'aultre. Et en ce faisant, nous trouvasmes en icelles isles troys grandz fleuves, comme le Rosne ou le Rhin, d'une merveilleuse estimation.

Car l'ung est de vin blanc; le meilleur que jamais homme goustast.

Le second est de vin clairet, le plus excellent qu'il est possible de trouver en tout le monde.

Le tiers est de vin vermeil, qui passe en bonté tous les vins bastardz, tous les ambrosiades, malvoysies, et tous les ypocras qui feussent jamais.

Et y a du long d'iceulx fleuves des hayes d'arbres comme rosiers, ausquelz croissent les petitz gasteaulx, craquelins, eschauldez et petitz choulx, les plus frians et savoureux que jamais homme goustast.

Et pareillement le mestier et les oublies de toutes sortes, et ne couste sinon à prendre et à cueillir, comme vous feriez les roses sur ung rosier.

Sur les bortz et rives d'iceulx fleuves, vous trouverez les godetz et les tasses de Beauvais arrangez pour boire, sans avoir la peine de vous mettre à genoulx, le cul en hault, comme font les bergiers quand ilz boyvent en ung ru, ou en une fontaine, quand sont aux champs.

Et d'advantage, pour emporter d'iceulx vins, il y a de grandz arbres pleins d'estocz ausquelz pendent les flacons, barilz et bouteilles de toutes sortes, lesquelz chascun peult emplir d'icelluy vin et emporter là où il veult. Toutesfoys, les meilleurs, pource faire, sont noz beaulx flacons de Beauvais, qui sont azurez et bons à merveille, et se garde mieulx le vin en iceulx longuement frais et sans corrumpre, comme j'ay tousjours ouy dire à ceulx de nostre ville de Beauvais et à ceulx de Savignie et de Leraule, qui sont les lieux là où on les faict.

De l'ysle où croissent les fromages de toutes sortes.

CHAPITRE XXIII.

L y a aussi plusieurs aultres sortes d'arbres grandz et haultz comme noyers, contre lesquelz croissent les angelotz fins et les fromages de toutes sortes, comme vous avez veu aultrefois les sauges croistre contre les noyers, contre les ormes ou contre les bouleaulx; et sont communs à tout le monde qui en veult prendre.

De l'isle où croissent les espées, pongnards, cousteaux grans et petis de toutes sortes.

CHAPITRE XXIIII.

L y a aussi d'aultres arbres qui ne sont pas grandz, lesquelz portent des côsses longues et courtes, dedans lesquelles croissent les espées, les estocz, verduns, sang de dé, pongnardz, courtes dagues, et les cousteaux grandz et petiz de toufes sortes.

Et quand on se veult servir, il ne fault que coupper ung peu de la cosse, et lors vous trouverez les cousteaux et aultres bastons, telz que vous vouldrez, soit pour plumer du fromaige, pour chiqueter ou coupper voz habiz, voz chausses ou voz pourpoinctz, comme je voy faire souvent à ung tas de folz qui n'ont pas de pain à mettre en leurs dens; mais telz habiz leurs sont bons pour passer leur yver.

De trois ysles où croissent les mytaines, les mouffles, les botynes, et les noms des capitaines desdictes ysles.

CHAPITRE XXV.

En icelles isles, en montant en mont contre bas, il y a troys aultres isles. En l'une habitent les mytaines, en l'aultre les mouffles, et en l'aultre les botynes.

Elles ont chascunes son capitaine et duc pour les conduire et mener en bataille.

Celluy des mytaines se nomme Mytouart; et celluy des mouffles se nomme Moufflard; et celluy des botynes se faict appeller Boytart. Ilz sont fort crains et obeys chascun en son païs. Entre icelles mouffles, je congneuz par

delà la mouffle à fagotter du bon homme Han-
not, qui faisoit les fagotz d'espine, en son temps,
pour chauffer le four en nostre quartier.

Et la cause pour laquelle je la recogneu fut
pource que je l'avoye maintes foys veue en ma
jeunesse, et pource aussi qu'elle estoit de cuyr
de cerf et estoit longue jusques au coulde. Dés
qu'elle me veit, elle me vint accoller et em-
brasser, la larme aux yeulx, pource qu'il luy
souvint de son maistre, lequel elle avoit longtemps servy.

Elle me compta comment elle s'estoit retirée
par delà avec ses parens, aprés que son maistre
fut allé de vie à trespas, et me pria fort d'aller
boire de son vin en son logis, dont je la remerciay. Elle ne voulut point habandonner ma
compaignie, de peur de la perdre.

Il y avoit merveilleuse controverse entre elles
pour sçavoir laquelle nation des troys debvoit
preferer. Au moyen dequoy, nous estans par
delà, fut crié ban et arriere ban, et la guerre
ouverte à feu et à sang : tellement que nous les
vismes en champ de bataille, avec leurs capitaines, Mytouart, Moufflard, Boytart, se prendre
aux cheveulx et aux aureilles, pource qu'ilz ne
usent point de ferrement ny de bastons. Toutesfoys il y eut du sang respandu, tant d'ung costé
que d'aultre, si largement que les fleuves en
estoient aussi rouges que la plus belle eaue
claire d'une fontaine; et n'eust esté que moy et
mes gens nous mismes à tout noz halebardes

entre les troys armées, qui les separasmes, c'eust esté pitié de l'occision qui y eust esté; mais nous les feismes retirer chascun en son quartier, dont ilz nous sceurent bon gré en nous faisant à tous la moue.

Et pource que nous avions laissé de noz gens pour garder nostre navire, nous amplismes plusieurs flacons, barilz, ferrieres et bouteilles d'icelluy vin pour leur porter, avec force craquelins, oublies, gasteaulx, eschauldez et fromages, dont ilz s'emplirent si fort qu'ilz s'enyvrerent et dormirent plus d'ung moys sans reveiller; parquoy nous fusmes contrainctz de leur bouter le feu au cul, car nous avions peur qu'ilz ne mourussent en l'etargie, sans jamais resveiller.

Nous passasmes d'ung fleuve en l'aultre en des basteaux que nous fismes de moitié de cosses de febves, car elles y croissent si grandes que nous estions bien trente à passer en la moytié d'une.

Des isles fortunées et heureuses, là où croissent les laictues, les choulx et aultres herbes grandes à merveille. Plus, il y a des arbres où croissent les doubles ducatz, nobles à la rose, escuz au soleil et aultres pieces d'or, et de la monnoye.

CHAPITRE XXVI.

ES terres qui sont entre deux fleuves sont si fertiles que tout ce qu'y croist est excessivement grand, en sorte qu'il y a des laictues et des choulx si grands que, s'il y en avoit ung planté au meillieu de Paris, il donneroit umbre à toute la ville, en sorte qu'on seroit à couvert dessoubz comme en la salle du Palais ou comme dedans l'eglise Nostre Dame de Paris.

Vous pouvez bien croire que icelles isles ne sont pas nommées pour neant ny sans cause les isles fortunées et heureuses, car il y a des choses fort merveilleuses et difficiles à croire, qui ne les auroit veues; et entre les aultres choses dignes de memoire, il y a de grans arbres, comme chesnes ou noyers, qui portent ung fruict gros comme la teste d'un

asne, rouge par dehors comme grenades, lequel
est tout plein de desirez, doubles ducatz, nobles
à la rose, escuz au soleil, et de toutes aultres
especes d'or monnoyé, qui croissent dedans iceluy fruict, comme font les pepins dedans une
grenade ou dedans une figue ou une courge.

Ledict fruict ne tumbe jamais de l'arbre jusques à ce qu'il soit meur. Il y en a aulcunesfoys
de verreux qui ne sont pas de fin or, comme
vous voyez les philipus, les florins et les aultres
pieces de bas or.

Il estoit environ la my aoust quant nous arrivasmes par delà, qui est la saison que le fruyct
est meur; parquoy nous feismes monter l'ung
de noz gens dessus l'ung des plus grans arbres
qu'y fust pour le crouller et hocher, lequel le
scouet si fort qu'il en tumba de si gros et en si
grande habondance qu'ilz tuerent plusieurs de
mes gens, tant estoient pesans et pleins de
pieces d'or : car ilz estoient trop curieux et trop
convoyteux de recueillir d'icelluy fruict. Les habitans du pays n'en tiennent non plus de compte
que font les pourceaulx par deçà de poires molles. Quant ilz chéent de l'arbre sur la terre, ilz
s'eschachent et ouvrent par pieces, comme font
les figues quand elles sont fort meures, ou
comme font les poyres molles soubz les poy-
riers ou figuiers. Nous les perceasmes du bout
de noz espées et pongnardz, et les cousismes à
noz jaquettes et à noz halecretz et hocquetons,
plus prés l'ung de l'aultre et plus drus qu'es-

caillé de poisson; parquoy il sembloit qu'ilz
eussent cru sur noz habillemens. Je vous promectz que, sans point de verité, que nous y en
cousismes tant que nous ne les pouvions sous-
tenir ny porter.

| Je voudroye qu'ung tas d'avaricieux et usu-
riers publicques feussent pardelà pour les recueillir, et qu'il leur en feust cheut de si gros
sur la testé qu'ilz les eussent assommez comme
pourceaulx, affin qu'ilz feussent rassasiez. Et
pareillement ung tas de meschans gens insa-
tiables, qui n'auroient pas assez de tout l'avoir
et de tout l'argent du monde, et neantmoins
n'emporteront qu'ung drap ou une corde et
chesne de fer.

Des isles où n'y a point de femmes, et comme, quand les habitans du pays sont fort vieulx et ennuyez de vivre, on les boute dedans ung grand tonneau de malvoysie doulce comme succre, et là meurent doulcement, et comme, aprés qu'ilz sont morts, l'on en refaict d'aultres jeunes gens.

CHAPITRE XXVII.

Es dictes isles n'y a point de femmes, pource que l'on n'y en a que faire, ny pour porter enfans, ny pour tirer les vaches, à cause dudict fleuve de laict et de la montaigne de beurre frais que y sont; ny pour faire vendanges, car il n'y a nulles vignes, à cause des fleuves de vin qui passent parmy, et tout atravers, et du long du pays depuis un bout jusques à l'aultre.

Hy a d'advantaige esdictes ysles une fontaine grande et merveilleuse de laquelle sourt la malvoysie la plus exquise et la plus friande qui fut jamais beue.

Et quand les bonnes gens du pays sont si vieilz qu'ilz sont ennuyez de vivre, l'on emplyst une pippe dudict vin, qui est si doulx que rien plus, et les mect on mourir dedans, affin qu'ilz ne sentent ny ne seuffrent point de mal, pour l'odeur, pour la force et pour la bonté dudict vin.

Et quand ilz sont mors, on les retire, et puis on les faict seicher au soleil, comme les merlus parez, ou comme la den ou le stocsy en Flandres; et, aprés qu'ilz sont bien secz, on les faict brusler et mettre en cendre, laquelle on paistrit avec le blanc et glaire des œufz et du brouillamini, lesquelz on malaxe tout ensemble comme paste. Et quand tout cela est bien courroyé et paistry ensemble, l'on en mect de gros loppins dedans des moulles qui sont telz et sémblables qui ont aultresfoys esté iceulx defuncts avant leur mort. Et lors qu'ilz sont bien imprimez et bien formez, pour leur inspirer vie, l'on a ung gros chalumeau et leur souffle l'on au cul, et, à force de souffler, on leur inspire vie; et congnoist on que l'on a assez soufflé quand ilz sibient ou qu'ilz esternuent, et lors ilz se levent le cul devant, comme les vaches, afin qu'ilz soient plus heureux.

Et incontinent ilz s'en vont où bon leur semble, comme ilz faisoient au paravant qu'ils fussent mors.

Il y en eut qui nous dirent qu'ilz avoient esté plus de cent foys mors, et plus de cent foys ainsi jectez en moulle : par ce moyen ilz sont pardurables et esternelz, et n'ont que faire de femmes au pays, qui leur est ung grand bien : car ilz ne sont point tencez ny batuz quand ilz jouent, ou qu'ilz vont à la taverne, comme sont souventesfoys d'aulcuns de par deçà.

Il est bien vray que, si aulcuns d'eulx veulent changer d'estat et vocation aprés qu'ilz sont refonduz, ils le peuvent faire.

Pour ce que vous me pourriez demander, Capitaine, qui leur fille du linge, des chemises, des draps et des nappes par delà, je vous responds qu'il y a des arbres au pays, desquelz les ungs portent l'escorce plus fine, plus blanche, plus belle et plus deliée que toutes toilles ny tous les taffetas du monde; et usent de cela au lieu desdictes toilles ou taffetas. Et quand ilz en ont affaire, ilz ne font que escorcher iceulx arbres. Il y en a d'aultres desquelz l'escorce est fin velours, fin satin ou fin damas de toutes couleurs; desquelz chascun peult prendre tout ainsi qui luy plaist, et en faict ses habitz telz que bon luy semble; et quand iceulx arbres ont esté ainsi escorchez, l'escorce leur revient de rechef plus belle et plus fine qu'au paravant. Car pour ce moyen ilz n'ont que faire de femmes pour porter enfans, pour filler, pour tirer les vaches, ny pour vendanger. Je ne vous en vouldroys pas mentir, car j'ay bons tesmoings assez en ma compagnie, qui ont veu toutes ces choses comme moy, et qui sont aussi dignes de croire comme je suys. Je sçay bien qu'il semblera à d'aulcunes gens, qui n'ont rien veu, que je mentz; mais je vous asseure pour verité qu'il est vray. Et pource, croyez tout fermement que

9

tout ce que je vous en ay escript est fine verité; et qu'il soit ainsi qu'elle soit fine, premier que la mettre au moulin, aprés qu'elle fut bien vannée, je la feis cribler; aprés qu'elle fut moulue et en farine, je la feis sasser, et puis beluter par deux foys; au moyen dequoy il ne se peult faire qu'elle ne soit fine et nette : car, s'il y eust eu tant soit peu de mensonge, elle fust passée par le crible; ou, si elle eust esté trop grosse, elle fust demourée aux sacz ou aux beluteaux, comme vous pouvez bien croire et conjecturer par mes raisons, qui sont vrayes et bien apparentes.

Or vous sçavez qu'il y a au monde d'aussy grandz menteurs qu'en lieu où vous sçauriez aller, qui dient des choses qui ne sont pas vraysemblables ny conformes à raison, pour laquelle chose éviter et de paour d'encourir l'indignation et la haine des gens de bien, je me suis gardé de dire la verité de plusieurs choses, *quia veritas odium parit*, pource, dient les clers, que verité engendre haine, et aussy que pour dire verité on est aulcunesfoys pendu. A ceste cause je m'en suis abstenu le plus que j'ay peu, pour éviter tous inconvenientz; parquoy, si on ne me faict bien grand tort, je crois qu'on ne m'en pendra pas.

D'une petite isle ronde, toute close et environnée de fours chaulx qui sont pleins de pastez de diverses sortes, comme de chappons, de venaison, de pigeons, de veau, de bœuf, et de mouton.

CHAPITRE XXVIII.

QUAND nous eusmes tout bien visité et enquis toutes les merveilles d'icelles isles fortunées, bien garnyz d'argent et de tous vivres, nous tirasmes oultre, et à une petite journée de là, nous vismes une petite ysle toute ronde, qui n'est pas fort grande, car elle n'est pas de grande spaciosité, ny de grande estandue.

Laquelle est moult forte et quasi imprenable, pource qu'elle est toute environnée et close de fours chaulx, qui ont tous le cul tourné vers la mer, et les gueules vers la terre, et n'y peut l'on entrer que par une porte qui est grande et expesse et infrangible, car elle est toute faicte de frommage fondu, seiché et endurcy au soleil, plus dur que le plus dur acier du monde.

Les verroux sont tous de beurre de trois cuittes, qui sont plus gros que la jambe d'ung homme.

Icelle porte nous fut ouverte par le portier,

moyennant asseurance que nous luy promismes.

Iceulx fours sont tousjours pleins de pastez de diverses sortes :

Les ungs de chappons,

Les aultres de venaison,

Les aulcuns de veau,

De beuf,

De mouton,

Les ungs au verjus de grain,

Les autres à la ciboule, ou aux moyeulx d'œufz, desquelz chascun prend tant et si petit qu'il en veult. Et dés que l'on en a prins ung, il en sourt ung aultre de l'astre du four tout nouveau en sa place, parquoy leurs fours en sont tousjours pleins.

Il y a sur la gueulle de chascun four ung escripteau en grosse lettre, qui faict mention de la sorte dont sont les pastez, et dequoy, affin qu'on sache mieulx choysir ceulx qu'on veult prendre pour menger, avecq la foyre à boyre.

Quand nous feusmes entrez dedans icelle ysle, qui se nomme l'ysle de Pastemolle, je feiz sonner toutes noz trompettes, clairons, haultboys et saquebutes, si hault et si melodieusement que, pour l'armonie et doulceur des sons divers, iceulx fours se prindrent à danser et à saulter si haut en l'aer qu'ilz faisoient les soubresaultz et les gambades plus hault en l'aer que les tours Nostre Dame de Paris : non pas justement si hault, mais il ne s'en falloit guere. De laquelle chose nous eusmes moult grand paour : car, s'ilz eus-

sent saulté sur noz piedz, c'estoit assez pour
nous escacher les arteilz, pource qu'ilz sont fort
lourdz et pesantz. Et puis la saulce des pastez
nous eust tous gastez noz beaux habitz et es-
chauldé noz visaiges.

Aprés qu'ilz eurent bien saulté, dancé et ballé,
je feiz cesser mes gens de jouer, pource que
iceulx tous estoient fort las et travaillez et quasi
hors d'alaine; et puis se meirent à chanter, de
sorte que c'estoit une chose admirable de les
ouyr, car ilz ont fort belles voix et grosses qui
sont armonieuses et bien entonnez.

En icelle ysle, qui a esté aultresfois, comme je
croy, separée par la mer d'avec les susdictes Isles
Fortunées, y a ung couvent de marmotz, comme
vous diriez en l'ysle d'Oleron ou de Blanet ung
couvent de bordeliers; lesquels marmotz sont
fort bons religieux et devotz, et n'y habitent
nulles aultres gens.

Ilz vivent des pastez, qui sont tousjours chaulx
esdictz fours, et font leur service en marmotin,
tellement que nostre truchement ne les enten-
doit point, car il n'avoit jamais esté par delà. En
icelle ysle nous ne veismes aultre chose de nouveau qui soit digne de memoire.

D'une ysle ou les habitantz, tant hommes comme les femmes, sont fort blancz et de beau tainct, et ont le cul plus nect que gens du monde, et de ce qu'ilz font pour garder que la mer n'entre dedans leur ysle.

CHAPITRE XXIX.

A u departir d'icelles isles, nous fismes bonne provision de pastez de toutes sortes, et nous servirent bien noz hallebardes à les tirer hors des fours tous chaulx; et, n'eust esté cela, nous eussions eu grand peine à les avoir sans nous eschaulder ou brusler. Toutesfoys, tout se porta bien.

Et lors tirasmes vers occident jusques oultre Hirlande la saulvaige, et arivasmes en une isle environnée de la grand mer Occeane, en laquelle sont les gens blancs à merveilles, lesquelz ont le cul plus nect que gens du monde, au moyen que la mer y flue et reflue deux fois, que de nuict que de jour, et qu'il n'y a en icelle aulcune deffence pour garder que la mer n'entre dedans et qu'elle ne la couvre, à cause qu'il n'y a nulles dunes, ny nulles digues pour la garder d'entrer.

Parquoy les habitans, tant hommes que fem-

mes, sont contrainctz de soy arrenger tous prés
l'ung de l'aultre, et se ioindre ensemble les culz
rebrassez, affin que, quand la mer vient le flu,
qu'elle leur donne aux culz par troys foys, et
par ce moyen elle est contraincte de s'en retourner, sans povoir passer oultre, à cause qu'ilz sont
ainsi joinctz et serrez ensemble.

Et par ainsi gardent ilz la mer d'entrer et de
gaster leur isle. Et voylà la cause pour laquelle
ilz ont le trou du cul nect, ce que peu de gens
ont.

Et vouldrois que vous les sceussiez bien, affin
de sçavoir si je mentz.

Comc *Panurge et sa compaignie navige-
rent encores plus oultre, tant qu'ilz arriverent
en une isle où ilz virent choses merveilleuses,
et dont ilz furent moult esbahiz, car les pas-
sages de ladicte isle estoient tant pleins de
mesnage et aultres choses que l'on n'y povoit passer; parquoy ilz firent venir les habitantz, et leur demanderent comme cela estoit
advenu; la response fut telle.*

CHAPITRE XXX.

uis peu de jours en çà nous avions
esté tourmentez de la pluye quand
cela commença à venir, et je vous
compteray *de verbo ad verbum.*

*Le premier jour si n'est pas pire,
Il gresla febves nouvelles,
Et pleut ung jour tables et escabelles,
Bancz, selles et chalitz,
Et neigea moutons et brebitz.*

*Le second il pleut gelines,
Et gresla potz et chopines,
Mille yvrongnes cryans la faim,
Et pleut trois moys boteaulx de faim.*

*Le tiers jour fut aultrement.
Il pleut trois jours moulins à ventz,*

Roues, rouelles et charlotz,
Et neigea huyt jours becasseaulx.

Le quart si fut bien doloreux,
Il pleut cinq jours vaches et bœufz,
Toreaux pour prendre aux filetz,
Et gresilla des poys pillez.

Le .V. jour il pleut enclumes,
Barres de fer à grans escumes,
Beurre fraiz et harenc sallé,
Et pleut dix mille septiers de bled.

Le .VI. jour, est bien certain,
Il pleut poelles et potz d'arain,
Andouilles, saulcices et boudins,
Et neigea lievres et connyns.

Le .VII. jour au matin
Il pleut tout le jour poinsons de vin,
Depuis le matin jusqu'à vespres,
Et vers le soir il pleut des prebstres,

Qui nous ont donné tant de peine,
La ville en estoit toute pleine;
Ilz boivent bien, quand il faictz trouble,
Le pot de vin pour ung double.

Le huytiesme jour, c'est chose vraye,
Il pleut belles robbes de soye,
De velours et satin cramoysy;
Et puis neiga du laict boully,
Fourmaige mol et cresmes doulces;
Et puis gresla couppeurs de bources,

De vous en garder ayez memoire,
Tant au marché comme à la foire.

Le neufviesme jour il pleut aprés
Brigandines et blancz harnoys,
Voulges, picques et hommes d'armes,
Et neigea Jacobins et Carmes,
Merciers, pignes et esguillettes,
Et aprés il pleut tant de jillettes:
De cela je n'en doubte rien,
Car je croy que tout viendra bien.

Le dixieme jour, pour abreger,
Il pleut des jouers de bouclier,
Fer à charue et corne de vache,
Et plus d'ung cent de sergeantz à mace,
Baillifz, vicontes et lieuxtenantz,
Qui vindrent tous pour ung vent.
Toutes villes en sont fournies,
Jamais on ne vit telles pluyes.

Le unziesme jour furent adventures,
Il pleut abayes et masures,
Moynes noirs, nonnains, celestins,
Chartreux, cordeliers, augustins,
Gens aspres assez, je vous asseure:
C'est une bonne nourriture;
Et puis aprés il gresilla
En latin, Ego flagella.

Le douziesme fut bien aultre;
Il pleut des escus à la roze,
Des rydes et des ducatz,
Il pleut ung móys des advocatz,

Des notaires et des procureurs:
Jamais ne furent si heureux,
Ce fut au monde ung grand tresor;
Et puis gresla lunettes d'or.

Le treizieme jour n'est pas lect:
Il pleut des gens du mont Helet,
Chanoynes et coqueluches,
Cornars, marmotins et maries.
De cela fut chere ouverte,
Ce fut au pays une grand perte.
Que celluy qui les fist porter
En doint le pays delivrer.

Le .XIIII. jour, sans doubtance,
Il pleut des loups telle habondance
Que, entre Lyon et Vallance,
On en eust bien compté soixante.
Et aprés il pleut des saulmons,
Et gresilla tant de chappons,
De faisans, de poulailles et de coqz,
Cartiers de lard à grand minotz.

Le .XV. jour et le dernier
Il pleut ung jour quartiers de pain,
Qu'oncq de l'estrene brybiers
Ne furent jamais aussi fiers,
Et ne faisoient que requerir
Quelqu'ung qui les peust maintenir
Tout le temps de leur vie,
Et de faire tousjours telle pluye.

Aprés il pleust jattes, corbeilles,
Vaisseaulx, barilz, pleines bouteilles,

Testons de Milan et gibecieres,
Et neigea bateaulx et rivieres ;
Et quand vint aprés midy,
Il pleut du fromage rosty,
Aux oignons, poires et pommes,
Tant de femmes et aussi d'hommes,
Et aussi plusieurs gens de guerre,
Assez pour le pays conquerre.

Toutes les dessusdictes choses bien enten-
dues par Panurge, il commanda à son truchement luy monstrer le tout par escript, affin
qu'il le peust mettre à vous, mes treshonnorez
lecteurs et auditeurs.

Panurge, aprés qu'il a longuement voya-
gé, il faict icy une declaration de la source
des vents, comment ilz sont enfermez quelque-
foys aux cavernes, et les noms d'iceux.

CHAPITRE XXXI.

OR, pour nous retirer de tant de perilz et adversitez en quoy nous
avions esté, pensant fuyr tous dangiers, je feiz lever l'ancre de nostre
navire et feiz dresser les voilles à
plein vent pour plus faire de chemin par la mer,
en laquelle chose faisant, aprés avoir navigé environ cent lieues, nous veismes les ysles Eoli-

des, desquelles Eolus est le seigneur et maistre;
et le repute l'on pour dieu, à cause qu'il tient
illec les douze ventz principaulx renfermez en
diverses cavernes, soubz haultz rochiers, en des
cages. Lesquelz ventz ont leur regard és quatre
diverses parties du monde, et ont divers soufflemenz et boussementz contraires les ungs aux
aultres.

Et d'icelluy Eolus et d'iceulx ventz parle Aristote, Pline, Bocace et Fulgence.

Car de la partie orientalle souffle Subselanus,
Vulturius et Surus;

De la partie du midy souffle Notus, Affricus
et Auster, à cause duquel est nommée la region
australe;

De devers Septemtrion souffle Chorus, Boreas et Aquillon;

Et de l'occident souffle Libanorus, Libs, Craseas, Eparcitias, Mises, Penicus, avecq le merveilleux Tiphon, qui arrache et rompt arbres,
pars, forestz. Et là aussi est le furieux Enephius
qui brusle et art villes, citez et maisons par où
il passe.

Et n'estoit que ledict Eolus, qui est le Dieu
des ventz, les garde de sortir, ilz gasteroient tout
par où ils passeroient.

Toutesfois, il y a ung grand et gros levier de
boys, plein de neudz et d'estocz, et croy que
c'est la massue d'Hercules, de laquelle frappe et
rue sur iceulx ventz pour les garder de sortir le
plus qu'il peult.

Ce nonobstant, aulcunesfois, ce pendant qu'il entend aux ungs, les aultres sortent et courent sus la terre et sus la mer, qui la font bruyre et escumer si hault que c'est une chose horrible et espouventable à veoir et à ouyr, comme j'ay veu et ouy aultresfois au pertuis d'Autruche et de Maumusson, esquelz lieux la mer se bat l'une contre l'aultre, de sorte qu'on l'oyt de plus de dix lieux loing.

Iceulx rochiers et cavernes, esquelles sont detenus iceulx ventz, ont plus de dix grandes lieues de hault, et sont toutes creuses, et pleines de cavernes par dessoubz.

Ilz font là dedans ung bruict et ung tonnoirre si grand et si merveilleux qu'il n'y a homme, tant soit hardy, qui ne tremble à les ouyr.

A ceste cause, feistz mettre mon navire de sorte que nous eusmes le vent en poupe, au moyen de quoy nous fusmes incontinent eslongnez desdictes Eolides, et en peu de temps nous arrivasmes, moyennant l'ayde de Dieu, à port de salut, au Havre de Grace, là où nous sommes deliberez de faire nostre festin et banquet. Si vous plaist de vous y trouver, nous vous donnerons des fruictz, et des aultres choses nouvelles que nous avons apportez, et vous en compterons plus à plain, et des plus fines dont nous nous pourrons adviser, affin que vous en puissiez faire vostre proffit, et pour la recompense de vous, benevolles lecteurs et auditeurs.

Comment, aprés que Panurge eust finé ces voyayges, et fut de repos en sa maison, il institua telle maniere de vivre pour toute la sepmaine à ses gens, et selon la viande le jour.

Au lundy poix au lart,
Au mardy canes et canartz,
Au mecredy pastez de loches,
Au jeudy chappons en broches,
Au vendredy poissons de mer,
Au samedy tart à disner,
Et au dimenche boirons tous ensemble.

Et feist ce compaignon d'icy derriere maistre d'ostel de sa cuysine.

FIN DES NAVIGATIONS DE PANURGE.

.

TABLE DES CHAPITRES

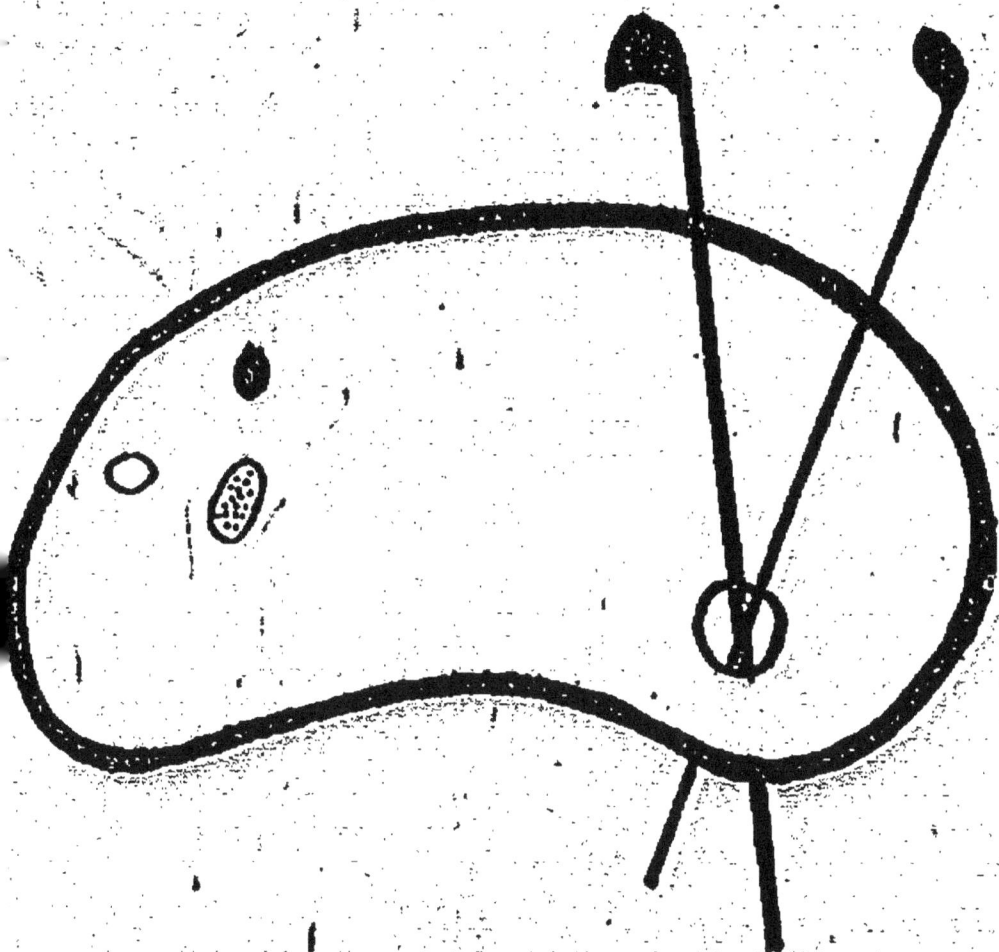

LE CABINET

DU

BIBLIOPHILE

PIÈCES RARES OU INÉDITES

ÉDITIONS ORIGINALES

———

E Cabinet du Bibliophile se compose de pièces rares ou inédites, intéressantes pour l'étude de l'histoire, de la littérature et des mœurs du XVe au XVIIIe siècle. Il comprend aussi les éditions originales de ceux de nos grands écrivains dont le premier texte présente des différences notables avec le texte définitif. Le double intérêt de rareté et de curiosité que présentent ces publications leur assigne une place dans le cabinet du bibliophile, dont elles forment la bibliothèque intime.

Le nombre de ces publications est illimité. Elles paraissent successivement, sans un ordre déterminé, et à mesure qu'il s'en rencontre qui semblent dignes d'être reproduites. — Chacune d'elles, indépendante de toutes les autres, peut être achetée séparément. Le *seul lien qui existe entre elles est dans la pensée de former pour les amateurs une collection qui réponde à leurs goûts et à leurs besoins.*

CONDITIONS DE LA PUBLICATION

(*Impression.*) Les volumes sont imprimés sur très-beau papier vergé de Hollande, et recouverts en parchemin factice replié sur doubles gardes. Ils sont tirés le plus souvent à 300 exemplaires. Chaque publication porte, du reste, le chiffre exact et le détail du tirage, et tous les exemplaires sont numérotés.

(*Exemplaires de choix.*) Il est tiré également quelques exemplaires sur papier de Chine et sur papier Whatman. Ces exemplaires étant toujours les premiers vendus, les personnes qui voudront se les assurer devront nous les demander à l'avance.

(*Exemplaires sur vélin et sur parchemin.*) Les amateurs qui désireraient des exemplaires sur vélin ou sur parchemin sont priés de nous en prévenir. Ils trouvent toujours, soit sur un catalogue joint au dernier volume paru, soit sur le catalogue général de notre librairie, l'indication des ouvrages en préparation, et peuvent ainsi nous envoyer leurs demandes avant que l'impression soit commencée.

(*Souscripteurs.*) Il est donné avis de la publication de chaque volume à toute personne qui en manifeste le désir. Les amateurs qui souscrivent à toute la collection reçoivent les volumes dès qu'ils paraissent.

(*Prix.*) Le prix des volumes varie ordinairement de 5 à 10 fr. pour les papiers vergés, et de 10 à 20 fr. pour les papiers Whatman et les papiers de Chine.

EN VENTE.

PROSE.

Le Disciple de Pantagruel, publié par P. Lacroix.
1 vol. 7 5o

Le Premier Texte de La Bruyère (1688), publ.
par D. Jouaust. 1 vol. . . . . 10 fr.

Le Premier Texte de La Rochefoucauld (1665),
publ. par F. de Marescot. 1 vol. 7 5o

La Chronique de Gargantua (s. d.), premier texte
du roman de Rabelais, publ. par Paul Lacroix. 1 vol.
5 »

La Chronique de Gargantua et de Pantagruel
(s. d.), publiée par Paul Lacroix. 1 vol. . . . 8 »

Amusements sérieux et comiques, de Dufresny
(1705), publ. par D. Jouaust. (Idée première des
Lettres Persanes.) 1 vol. . . . . 6 »

Lettres Turques, de De Saint-Foix (1744), publ.
par D. Jouaust. (Imitation des *Lettres Persanes.*)
1 vol. 6 »

Maximes de Madame de Sablé (1678), publiées
par D. Jouaust. . . . . 5 »

Lettres et poésies inédites de Voltaire, publ. par
V. Advielle. 1 vol. . . . . 5 »

L'Enfer, satire « dans le goût de Sancy », d'Agrippa
d'Aubigné (XVIᵉ siècle), publiée pour la première fois,
d'après le recueil de Conrart, par Ch. Read. 1 vol.
9 »

VERS.

La Puce de Madame Desroches (1610), publ. par
D. Jouaust. 1 vol. . . . . 8 »

Satires de Dulorens, édition de 1646, avec un *portrait authentique* de l'aut ur. Publié par D. Jouaust. 1 vol. . . . . 12 »

Épuisé. Ne se vend qu'avec la collection.

Poésies de Tahureau, publiées par Prosper Blanchemain. Tome Ier : *Premières poésies* (1554). 8 »

— Tome II : *Sonnets, Odes et Mignardises* (1554). . . . . 10 »

Élégies de Jean Doublet, Dieppois (1559). 1 vol.
8 »

Le Traicté de Getta et d'Amphitrion, traduit du latin en vers français par Eustache Deschamps (XVe siècle), publié par le Mis de Queux de Saint-Hilaire. 1 vol. . . . . 5 »

Les Marguerites de la Marguerite (1547), publ. par Félix Frank. 4 vol. . . . . 40 »

Le Printemps, stances et odes, de d'Aubigné, publié par Ch. Read. 1 vol. . . . . 8 »

SOUS PRESSE :

Poésies de *Louise Labé.*

— de *Courval-Sonnet.*

— de *Maynard.*

———

A LA LIBRAIRIE DES BIBLIOPHILES

RUE SAINT-HONORÉ, 338, A PARIS

Février 1875.

Imprimé par D. JOUAUST

POUR LA COLLECTION

DU CABINET DU BIBLIOPHILE

FÉVRIER 1875

www.ingramcontent.com/pod-product-compliance
Lightning Source LLC
Chambersburg PA
CBHW060608100426
42744CB00008B/1367